AF325707

PRINCIPES

DU

DROIT PUBLIC,

OU

MANUEL DU CITOYEN.

———

TOME III.

PARIS. — IMPRIMERIE DE CASIMIR,
RUE DE LA VIEILLE-MONNAIE, N° 12.

PRINCIPES

DU

DROIT PUBLIC,

CONSTITUTIONNEL,

ADMINISTRATIF, ET DES GENS,

OU

MANUEL DU CITOYEN

SOUS

UN GOUVERNEMENT REPRÉSENTATIF;

Par M. PINHEIRO-FERREIRA.

TOME TROISIÈME.

————◦◦————

PARIS.

REY ET GRAVIER, LIBRAIRES, QUAI DES AUGUSTINS, Nº 55;

J. P. AILLAUD, LIBRAIRE, QUAI VOLTAIRE, Nº 11;

TREUTTEL ET WÜRTZ, LIBRAIRES, RUE DE LILLE, Nº 17;

F. G. LEVRAULT, LIBRAIRE, RUE DE LA HARPE, Nº 81.

————◦————

1834.

TABLE DES MATIÈRES

CONTENUES

DANS CE TROISIÈME VOLUME.

PROJET DE CODE GÉNÉRAL.

DES LOIS FONDAMENTALES ET CONSTITUTIVES D'UNE

MONARCHIE REPRÉSENTATIVE.

FIN DE LA TABLE DES MATIÈRES DU TROISIÈME VOLUME.

PROJET

DE

CODE GÉNÉRAL

DES LOIS FONDAMENTALES ET CONSTITUTIVES

D'UNE MONARCHIE REPRÉSENTATIVE.

~~~~~~

TITRE PREMIER.

De la division du territoire.

1. Le territoire de l'état sera divisé en provinces, celles-ci en départemens, les départemens en arrondissemens, ceux-ci en districts, les districts en communes, et les communes en sections.

Une loi fixera la circonscription de chacune de ces divisions (1).

____

(1) Manuel du citoyen, §§ 228, 628-656. — Projet de lois organiques, art. 1-7. — Projet de réforme, art. 121-127. — Système de mesures préliminaires, n° III.
~~~~~~

TITRE DEUXIÈME.

*De l'exercice et de la garantie des droits civils
et politiques.*

CHAPITRE I.

De la garantie des droits civils.

2. L'inviolabilité des droits naturels de liberté,
de sûreté et de propriété, est garantie aux citoyens par les dispositions suivantes :

3. Il y aura violation des droits garantis à
l'article précédent, toutes les fois que seront im-
posés à quelqu'un des sacrifices pour lesquels on
ne pourra pas prouver qu'il y ait eu, de sa part,
consentement exprès ou tacite (1).

4. Si quelque autorité, exécutive ou judiciaire,
ordonnait ou prohibait ce qui n'aura été aupa-
ravant ordonné ni prohibé par aucune loi, ces au-

____

(1) Projet de réforme, art. 3.

torités devront être poursuivies comme coupables d'attentat (1).

5. Sera aussi coupable d'attentat toute autorité exécutive, judiciaire ou législative qui mettra quelque entrave au libre exercice des droits naturels du citoyen, mentionnés à l'article deuxième (2).

6. Sont uniquement exceptés des dispositions de l'article précédent, les cas d'inhibition dont il sera parlé au chapitre 3 du titre III (3).

7. Aux termes des articles précédens, il ne sera permis à aucune desdites autorités, sous peine d'attentat, de mettre la moindre entrave à la libre manifestation et publication que les citoyens croiront convenable de faire de telles opinions, conceptions ou faits qu'il leur plaira, tant de vive voix que par écrit, par la voie de la presse, la lithographie, la gravure, la sculpture, la mimique, la liturgie, ou tout autre art que ce puisse être, sans besoin d'aucune permission préalable et sans autre restriction que celle de devoir répondre, par-devant le jury compétent, de tout préjudice que l'on pourra prouver être résulté, soit pour quelque particulier, soit pour l'état, de l'abus que le citoyen aura fait de cette liberté (4).

---

(1) Projet de réforme, art. 4.
(2) Proj. de réf., art. 6.
(3) Proj. de réf., art. 7.
(4) Manuel du citoyen, §§ 67-77. — Cours de droit public, tome I, pag. 110. — Projet de lois organ., titre I,

8. Il est aussi défendu, sous les mêmes peines, à toutes les autorités constituées, de mettre le moindre obstacle à la correspondance des citoyens entre eux ou avec les pays étrangers, soit en les forçant à suivre certains modes ou certaines voies, à se servir de certaines personnes à cet effet, à payer de certains frais de poste, ou à observer d'autres formalités que celles qui seront détermi-nées ci-après aux art. 12 et 13 (1).

9. Toute personne, soit particulier, soit fonc-tionnaire public, à qui la correspondance des citoyens aura été confiée, et qui essaiera d'en pénétrer le secret, sera punie comme coupable d'abus de confiance (2).

10. L'intervention des autorités publiques, dans l'exercice ou dans la jouissance des droits civils des citoyens, sans le consentement de ceux-ci, sera uniquement licite lorsque des causes naturelles ou la méchanceté des hommes opposeraient à l'u-sage de ces mêmes droits des entraves supérieures aux forces des individus intéressés (3).

---

pag. 7, art. 145, §§ 3-4, p. 33, art. 3-4; titre II, pag. 91-92. — Proj. de réf., art. 65. — Syst. de mes., n° II.

(1) Manuel du cit., § 66. — Droit publ., II, pag. 39. — Proj. de lois organ., I, pag. xvii, pag. 36, § 25. — Proj. de réf., art. 51, 62-64.

(2) Droit publ., II, 32. — Proj. de réf., art. 62-64.

(3) Manuel du cit., §§ 119, 120.

La loi prescrira le mode d'après lequel les autorités devront, en pareils cas, venir au secours du citoyen.

11. Seront responsables par-devant le pouvoir judiciaire, comme coupables d'infraction à l'article précédent, tant les auteurs que les exécuteurs de toute loi pénale portée contre quelque acte dont on ne saurait prouver qu'il implique atteinte effective aux droits naturels de liberté, sûreté ou propriété de quelque particulier ou de la société (1).

12. Le pouvoir législatif pourra seulement prescrire à l'exercice desdits droits, les formalités ou conditions qu'il croira propres à faire obtenir une prompte connaissance des abus, s'ils venaient à avoir lieu, et à faire découvrir et appréhender les personnes qui s'en seraient rendues coupables (2).

13. Le simple défaut d'exécution des formalités ou conditions mentionnées à l'article précédent, ne sera jamais considéré comme un délit, mais uniquement comme une circonstance aggravante, dans le cas où les personnes accusées de cette omission auraient commis, au préjudice d'un tiers, des faits à la découverte et répression desquels étaient destinées les formalités ou conditions prescrites par la loi (3).

---

(1) Droit publ., I, pag. 42-46. — Proj. de réf., art. 8.
(2) Proj. de réf., art. 9 et 10.
(3) Proj. de réf., art. 11.

14. Seront regardés comme complices des autorités qui se seront rendues coupables de quelqu'un des attentats mentionnés aux articles précédens, non-seulement les personnes qui, directement ou indirectement, auront contribué à l'exécution de leurs ordres, mais aussi ceux contre qui la mesure illégale aura été ordonnée , s'ils n'y ont pas opposé une résistance légale d'après les dispositions suivantes :

§ 1. La résistance légale consistera 1° à requérir l'autorité de qui l'ordre est émané, ou le fonctionnaire chargé de l'exécuter , de dresser procès-verbal de la déclaration du citoyen intimé qu'il n'obéit point à l'ordre illégal, parce qu'il ne lui est pas permis d'y obéir; 2° à exiger copie authentique de l'ordre qui lui aura été signifié ; 3° à porter cet acte à la connaissance des autorités compétentes, les requérant de faire appeler à répondre devant le pouvoir judiciaire tant les auteurs que les exécuteurs de l'ordre.

§ 2. Si les exécuteurs de l'ordre illégal employaient la force pour contraindre le citoyen à y obéir, et si celui-ci repoussait cette violence par la force , il ne sera nullement responsable de cette résistance , pourvu qu'il puisse prouver que, par la nature de l'ordre, ou par la prépotence de l'autorité de laquelle il émane , devrait résulter un préjudice irréparable à lui-même ou au tiers.

§ 3. Si le citoyen qui, aux termes des paragraphes précédens, aura opposé de la résistance aux

injonctions de l'autorité, ne justifie pas cette conduite par les motifs qui viennent d'être spécifiés,
il subira les peines décernées par la loi (1).

15. Tout fonctionnaire chargé de signifier à
quelque citoyen un ordre ou décision des autorités
administratives ou judiciaires, sera tenu de lui en
délivrer copie, signée par lui, sous peine de forfaiture, à moins qu'il ne prouve que le citoyen
s'est refusé à reconnaître, de son côté, l'intima-
tion en signant, ainsi qu'il doit le faire, l'exploit
du fonctionnaire (2).

16. Depuis le coucher jusqu'au lever du soleil,
personne ne pourra pénétrer, sous aucun prétexte,
dans la demeure d'un citoyen sans son consentement,
quand même ce serait une boutique publique, et
que l'on y fût autorisé par une décision judiciaire.

17. Sont uniquement exceptés des dispositions
de l'article précédent : 1° les cas d'incendie ou
d'inondation; 2° ceux où, de l'intérieur de la
maison, on réclamerait secours; 3° ceux où se présumerait un accident arrivé dans la maison et auquel
il serait urgent de porter remède.

18. Pendant le jour, il ne sera permis à personne d'entrer dans la maison d'un citoyen sans
son consentement, excepté : 1° dans les cas prévus

---

(1) Manuel du cit., §§ 592-596. — Droit public, I,
pag. 158, 306. II, 265. — Proj. de réf., art. 12-15.

(2) Manuel du cit., § 104. — Projet de réf., art. 16
et 17.

dans l'article précédent ; 2° pour exécuter un ordre d'arrestation contre quelqu'un qui se trouve ou que l'on présumerait se trouver dans la maison ; 3° pour faire une saisie-arrêt, en vertu et pour exécution d'un jugement, ou pour saisir des objets qui s'y trouvent contre l'expresse disposition des lois.

19. A l'exception des deux premiers cas mentionnés dans l'article 17, il ne sera pas permis d'entrer dans la demeure d'un citoyen sans son consentement, à moins d'y être autorisé par un ordre légalement émané de quelque autorité administrative ou judiciaire, et d'être accompagné de l'officier municipal ou de son substitut, à cet effet désignés par la loi (1).

20. Même en vertu d'un ordre des autorités administratives ou judiciaires, il ne pourra, sous peine de forfaiture, être saisi d'autres objets que ceux expressément déclarés dans l'ordre même.

21. L'ordre de saisie mentionné à l'article précédent devra déclarer, sous peine d'attentat, le motif de la saisie ordonnée, et si elle est faite en exécution des lois et de quelles lois, ou si en vertu d'un arrêt judiciaire par lequel il ait été décidé que ces objets appartiennent au tiers, ou qu'en qualité de propriété litigieuse ils doivent être mis en dépôt. En tout cas, il devra être dressé

____

(1) Manuel du cit., §§ 132-133. — Proj. de réf., art. 57-60.

inventaire avec le concours des parties intéressées ou leurs fondés de pouvoirs, outre celui de l'officier municipal, ainsi qu'il est ordonné dans l'article 19 (1).

22. Les dispositions des articles précédens seront spécialement observées par rapport à la saisie de livres, plans, lettres, correspondance, ou autres papiers que l'on ne pourra saisir que dans les cas mentionnés dans ces mêmes articles, et avec les formalités y prescrites, outre celle de la mise des scellés, en attendant qu'ils puissent être remis entre les mains de l'autorité avec toutes les garanties légales quant à leur conservation et intégrité.

23. La saisie des livres et papiers ou autres objets, hormis les cas et autrement qu'il n'a été permis dans les articles précédens, sera punie comme un grave attentat, encore que ceux qui l'auront ordonnée ou exécutée prétendent se justifier en la représentant comme indispensable, soit pour constater, soit pour découvrir l'existence de quelques délits ou crimes que ce puisse être, soit pour parvenir à en connaître les auteurs inconnus ou présumés (2).

24. Sauf le cas de flagrant délit, personne ne pourra être arrêté ou mis en prison, qu'en vertu d'un ordre des autorités exécutives compétentes,

----

(1) Proj. de réf., art. 61, 62.
(2) Proj. de réf., art. 63.

par elles signé et portant expressément le motif de l'arrestation.

25. Si l'arrestation se faisait à la requête d'une partie civile, celle-ci devra signer sa requête et être, elle aussi, mise aux arrêts.

26. La partie civile et la personne dont elle ou l'autorité requiert la détention en prison, pourront rester en liberté si elles s'engagent à se présenter dès qu'elles en seront requises, en donnant suffisante caution de cet engagement, au gré de la partie adverse ou d'après la décision du magistrat directeur de la maison d'arrêt. Cependant aucune caution ne sera reçue d'aucune des deux parties, si le délit imputé au prévenu est de nature à être puni de peines corporelles.

27. Si l'arrestation a lieu en flagrant délit par des particuliers, dans l'absence de la force publique, le magistrat, directeur de la prison, fera signer l'acte d'écrou par les citoyens qui amèneront le prisonnier, en leur qualité de témoins du fait qui aura motivé l'arrestation.

28. La détention ne pourra jamais avoir lieu que dans les maisons d'arrêt qui seront désignées par la loi, avec distinction, tant de la nature des délits présumés, que du rang de hiérarchie civile des prisonniers.

29. Le directeur de la maison d'arrêt sera tenu de faire part de l'entrée du prisonnier dans les vingt-quatre heures, en envoyant aux autorités compétentes copie de l'acte d'écrou, où il sera dé-

claré comme quoi on a observé toutes les formalités prescrites par la loi.

30. Il sera remis, en outre, au prisonnier, un exemplaire des réglemens de la prison ; et il lui sera enjoint de nommer un fondé de pouvoirs auquel on fera passer de suite communication de cet acte.

31. Si le prisonnier ne savait pas lire, il lui sera fait lecture des réglemens de la prison : de même qu'il lui sera nommé, par le magistrat directeur de la prison, un avoué, au cas où il n'aurait point choisi de chargé de pouvoirs dans ledit terme des premières vingt-quatre heures, ainsi qu'il est ordonné dans l'article précédent.

32. Aucun prisonnier ne pourra être mis en liberté qu'en vertu de l'arrêt du jury qui, ayant pris connaissance, au fond, du motif de l'arrestation, renvoie le prisonnier de la plainte, ou lui inflige la peine décernée par la loi.

33. Aussi long-temps que, par l'arrêt définitif, le prisonnier ne sera pas condamné à une réclusion entraînant le secret, comme peine du délit dont il aura été convaincu, on ne pourra mettre aucun empêchement à ce qu'il communique avec qui bon lui semblera, soit par la voie de correspondance, soit en recevant la visite des personnes qu'il lui conviendra d'y appeler ou de recevoir.

34. La correspondance des détenus sera tout aussi libre et inviolable que celle de tout autre citoyen, sous les peines mentionnées aux articles 8

et 9 : et, s'ils recevaient des visites, le directeur de la prison n'y mettra d'autres restrictions que celles qui seront indispensables au maintien du bon ordre et au respect envers les bonnes mœurs. Sous ce double point de vue, il lui sera permis de faire assister des fonctionnaires dignes de confiance dans la salle même des visites, mais sans qu'ils soient à portée d'entendre ou qu'ils puissent se permettre d'écouter ce qui se passe entre le prisonnier et le visiteur.

35. Tous les moyens de contrainte, tels que la torture, le secret, les cachots, ou tout autre mauvais traitement que l'on pourrait employer pour obtenir des déclarations ou des aveux de la part du prisonnier, sous quelque prétexte que ce puisse être, seront regardés comme des attentats, tant de la part des autorités qui les auront commandés, que des subalternes qui auront obtempéré à de tels commandemens.

36. Pendant la détention du prisonnier, il lui sera payé, jour par jour, la somme qui lui aura été assignée par les lois ou qui lui sera adjugée par une décision arbitrale, comme indispensable pour sa subsistance. Le montant de cette subvention sera par lui remboursé au trésor public, s'il vient à être condamné, ou sera supporté par les personnes que l'arrêt d'absolution en déclarera responsables à l'état, comme coupables de l'injuste arrestation ou de la trop longue détention du prisonnier.

37. La cause de chaque prisonnier sera nécessairement appelée dans les premières quarante-huit heures, devant le tribunal compétent le plus proche, et elle devra y être poursuivie sans autres délais que ceux absolument indispensables, sous la responsabilité, tant du magistrat directeur de la prison, que du ministère public et du tribunal auxquels communication en aura été donnée, aux termes de l'article 29.

38. Lorsque, la procédure arrivée à son terme, le jury devra conclure à l'absolution, il sera tenu de déclarer si le prévenu est renvoyé de la plainte, faute de preuves, ou s'il a été reconnu innocent. Mais s'il le reconnaissait coupable, il devra déclarer, dans son arrêt, la contravention, le délit ou le crime dont le prévenu a été convaincu; les circonstances qui, dans l'opinion des juges, qualifient l'infraction, et, enfin, la peine que le jury, en conformité des lois qui seront expressément citées dans l'arrêt, aura cru devoir lui infliger (1).

39. Les lois qui auront à déterminer les peines à infliger, par les jurys, aux différentes infractions, devront se conformer aux dispositions suivantes :

§ 1. Les peines à décerner par les lois seront partagées en trois classes, dont la première comprendra : les amendes, la suspension de l'exercice

______

(1) Manuel du cit., §§ 92-108. — Proj. de réf., art. 44-56.

des droits civils ou politiques, l'emprisonnement et l'exil ; les trois derniers pendant un temps à déterminer par le jury.

§ 2. La deuxième classe de peines comprendra, outre celles mentionnées au paragraphe précédent, des privations et des travaux, ainsi que la reclusion ou l'envoi dans des lieux de déportation, aussi pour un temps à déterminer par le jury.

§ 3. La troisième classe de peines consistera dans la déportation à perpétuité, sauf l'exception qui sera déclarée ci-après à l'art. 46, mais avec nne différence de lieux qui, soit par la rigueur du climat, soit par la sévérité des travaux, de la discipline et des privations, permettra au jury de proportionner la peine à la gravité du crime.

§ 4. Si le jury croyait que des peines de la première classe suffiront, tant pour la répression des infractions que pour la correction du coupable, il déclarera celui-ci convaincu de *contraventi n*, et lui infligera l'une des trois sortes de peines mentionnées au paragraphe 1er; ou bien en combinera quelques-unes au degré qu'il jugera le plus convenable, d'après la gravité de l'infraction.

§ 5. Mais si le jury croyait que pour atteindre le double but indiqué dans le paragraphe précédent, il faut employer des moyens plus sévères, il déclarera le prévenu coupable d'un *délit*, et lui infligera celle ou celles des peines mentionnées au paragraphe 2, en en proportionnant la gravité au degré de culpabilité qu'il lui aura reconnu.

§ 6. Si les circonstances dont le fait est entouré, sont tellement graves qu'elles induisent une haute présomption d'incorrigibilité du coupable, le jury le déclarera convaincu de *crime*, et l'enverra dans celui des lieux de déportation qui, d'après les dispositions du paragraphe 3, sera plus en rapport avec la nature et la gravité du crime qu'il s'agit de punir.

40. Toute autorité législative, judiciaire ou exécutive, qui infligera d'autres punitions que celles spécifiées dans les paragraphes 1, 2 et 3 de l'article précédent, sera responsable d'attentat.

41. Encourront la responsabilité mentionnée à l'article précédent, les autorités qui, en infligeant les peines désignées à l'article 39, à un degré excessif, mettront en danger évident la vie ou la santé des condamnés.

42. En condamnant le coupable pour crime ou pour délit, le jury ordonnera qu'avant d'être transporté dans le lieu d'exil marqué dans l'arrêt, il sera conduit dans la maison de correction que le jury croira la plus propre, d'après la nature et la gravité du délit, pour y rester en reclusion pendant un temps dont la durée sera déterminée d'après les dispositions suivantes :

§ 1. Depuis le jour de l'entrée du prisonnier dans la maison de correction, il sera tenu un journal exact de sa conduite pendant tout le temps que durera sa reclusion.

§ 2. Le président et autres officiers du tribunal à cet effet désigné par la loi, feront la visite des prisons du district ou des districts du ressort du tribunal, aux époques marquées par la loi, et faisant nommer le jury compétent, on procèdera à l'examen du journal de chaque prisonnier. Après en avoir comparé le contenu avec ce que le prisonnier, les inspecteurs des prisons et le ministère public auront allégué, le jury décidera si les preuves de repentir du prisonnier démontrent un entier amendement, et s'il le croit en état de passer dans le lieu d'exil ou de déportation auquel il aura été condamné, sans crainte qu'il y trouble la paix de la colonie.

§ 3. Une loi spéciale règlera tout ce qui concerne, tant l'organisation des maisons de correction et des lieux d'exil et de déportation, que les travaux auxquels les prisonniers y doivent être employés.

43. Les déportés jouiront, dans l'enceinte des lieux d'exil, de tous les droits, tant civils que politiques, sauf les restrictions indispensables qui seront expressément déclarées par la loi.

44. Lorsqu'un détenu croira avoir mérité d'être transporté dans un lieu d'exil moins rigoureux, il adressera, là-dessus, sa requête aux autorités compétentes, afin qu'il lui soit donné un jury d'enquête, par-devant lequel il exposera les fondemens de sa prétention, qu'il sera loisible au ministère public de contester s'il y a lieu.

45. A l'époque des élections annuelles dont il

sera parlé au titre **VIII**, tous les déportés qui, d'après les décisions des jurys, mentionnées à l'article précédent, auront été déclarés aptes à subir le vote universel des électeurs de la colonie, relativement à leur transport dans un lieu d'exil moins rigoureux, seront en effet soumis à la votation de l'assemblée des électeurs, et tous ceux qui obtiendront en leur faveur la moitié des voix, seront transportés dans les colonies désignées par le jury d'enquête mentionné à l'article précédent.

46. Le déporté qui, après avoir passé d'exil en exil par forme d'adoucissement, aux termes de l'article précédent, sera arrivé à un de ceux qui occupent le dernier rang dans l'échelle de la pénalité, et croira avoir reconquis la confiance de ses anciens concitoyens, provoquera les décisions judiciaires et électorales mentionnées à l'article précédent; et, si elles lui étaient favorables, adressera sa requête, accompagnée des pièces à l'appui, au maire du district où il souhaite établir son domicile. Le maire, après avoir recueilli là-dessus les voix de tous les citoyens actifs du district, déférera à la demande lorsqu'elle aura été accordée par la majorité de deux tiers des voix.

47. A moins que l'arrêt de condamnation, ou quelque autre motif d'interdiction, exprès dans la loi, n'ait inhibé le citoyen de la libre disposition de ses biens et droits possédés de bonne foi, elle lui sera maintenue, même pendant tout le temps

qu'il serait absent de son domicile, dans le pays ou à l'étranger ; pouvant même en disposer par testament, sans autre restriction que celle des droits du tiers (1).

48. La possession sera considérée de bonne foi, lorsqu'elle n'aura pas été acquise avec violation des lois en vigueur à l'époque de l'acquisition, et que le titre sur lequel elle sera fondée n'aura pas été déclaré nul par un arrêt judiciaire qui ait acquis force de chose jugée (2).

49. S'il était décidé, par la voie d'un jugement contradictoire, que le citoyen, quoique possédant de bonne foi, ne saurait être maintenu dans sa possession sans atteinte aux droits du tiers, que ce soit un particulier ou l'état, il sera tenu de s'en dessaisir, pourvu qu'il lui soit assuré, au préalable, par l'état, une indemnité équivalente, tant honorifique que pécuniaire, soit avec son agrément, soit d'après la décision d'un jury compétent (3).

5o. La loi déterminera les cas où, sauf le droit du tiers, ainsi qu'il est ordonné dans les articles précédens, il sera loisible au gouvernement de se charger de l'exploitation ou administration des terrains, des eaux, des bords de la mer ou des

___

(1) Manuel du citoyen, §§ 140-181. — Projet de réf., art. 18-20.

(2) Man. du cit., § 167. — Proj. de réf., art. 19.

(3) Man. du cit., §§ 103, 163-167, 173-181, 668, 677, 678. — Proj. de réf., art. 5, 21.

rivières, ou toute autre propriété, meuble ou immeuble, qui, par ce moyen, et par ce seul moyen, sera censée être incorporée au domaine national (1).

51. Tous les immeubles, non compris au nombre de ceux mentionnés dans l'article précédent, pourront être librement possédés et exploités par tout citoyen qui, le premier, voudra en prendre possession, sans qu'il soit besoin de permission de qui que ce puisse être, sans que le citoyen soit tenu de contracter aucune obligation de servitude, de redevance, de rente ou de service envers le particulier ou l'état ; excepté les charges communes à toute propriété ou industrie du même genre, et les formalités ou conditions que la loi aura décrétées pour de tels cas de prise de possession, aux termes des articles 12 et 13 (2).

52. Personne ne sera tenu de payer aucune imposition, ou de satisfaire à aucune réquisition de denrées ou de services de la part des autorités administratives ou judiciaires, si ce n'est en vertu des dispositions positives et explicites des lois (3).

53. Toute sorte de prestation réelle ou personnelle, ainsi que tout service onéreux, devront

---

(1) Manuel du citoyen, §§ 170 et suiv. — Projet de réf., art. 70.

(2) Proj. de réf., art. 71.

(3) Proj. de réf., art. 4, 8.

être également distribués entre tous les citoyens ayant les conditions requises par la nature des charges mêmes (1).

54. Tout individu possédant des biens chargés de servitudes réelles ou personnelles, ou qui sera obligé de payer des redevances à perpétuité, quelle que puisse en être la nature, l'origine ou la dénomination, sera admis à les racheter en remboursant à son choix, soit en une fois, soit à termes, soit par des annuités, le capital dont les intéressés prouveront que ces servitudes ou redevances représentent les intérêts légaux (2).

55. Si les servitudes ou redevances, mentionnées à l'article précédent, n'ont été contractées qu'à titre gratuit, ou si les personnes intéressées à leur maintien ne peuvent pas prouver qu'elles représentent les intérêts d'un capital qui ait été réellement déboursé par elles-mêmes ou par ceux de qui elles tiennent leur droit, soit pour l'acquisition au juste prix, soit pour l'exploitation utile de l'immeuble, les citoyens à la charge de qui se trouveront les servitudes ou redevances, seront, par ce seul fait, déclarés affranchis de telles obligations (3).

56. L'achat sera censé avoir été fait au juste

----

(1) Projet de réf., art. 41.

(2) Manuel du cit., art. 152, 115-117, 134, 176-181, 683. — Proj. de réf., art. 22.

(3) Proj. de réf., art. 23.

prix, aux termes de l'article précédent, lorsque le citoyen intéressé à racheter les charges en question ne pourra prouver que ce prix surpassait le capital dont les intérêts légaux répondaient aux revenus correspondans de l'immeuble (1).

57. Si les personnes expropriées, d'après les dispositions des articles précédens, prouvaient qu'il leur en résulte lésion énorme, les autorités compétentes, après avoir entendu le procureur de la justice, leur accorderont, aux termes de l'article 49, une indemnité équivalente.

58. La lésion sera censée énorme, aux termes de l'article précédent, toutes les fois qu'en vertu de l'expropriation y mentionnée, le revenu du pétitionnaire se trouvera être au-dessous de ce qu'il aura été, ou qui, à cette occasion, sera décidé par les autorités compétentes être indispensable à sa subsistance; sauf à faire cesser l'indemnité, du moment où ses revenus arriveront au taux qui aura été déclaré lui être indispensable (2).

59. Si les obligations mentionnées aux articles précédens n'étaient pas à perpétuité, mais si par le contrat entre le propriétaire et le fermier elles étaient bornées à un certain nombre d'années, le rachat que pourra proposer le fermier, ne devra commencer que du jour où le contrat sera expiré, et

---

(1) Manuel du cit., § 173.
(2) Man. du cit., §§ 181, 683-684. — Proj. de réf., art. 24-25.

le propriétaire ne pourra être forcé d'agréer ce rachat s'il donne caution de faire valoir l'immeuble, autant que le fermier s'engage à le faire aussi par caution (1).

60. Les obligations de service personnel à perpétuité, alors même qu'elles auront été volontairement et librement contractées, seront regardées comme nulles et non avenues par-devant les autorités constituées, sauf aux parties intéressées à obtenir réparation des dommages et intérêts qu'elles montreront devoir dériver pour elles de l'annulation des contrats d'après les dispositions de cet article.

61. Les contrats impliquant obligation de service personnel pour un nombre d'années tel, qu'à raison de l'âge du contractant, l'obligation doive être considérée comme contractée à perpétuité, seront de même regardés comme nuls aux termes des articles précédens : excepté si les parties intéressées s'accordent à les regarder comme sciemment et volontairement conclus.

62. Seront exceptés des dispositions contenues dans les articles précédens, les contrats matrimoniaux, aussi long-temps que le divorce ne sera pas réglé de manière à ce qu'il n'y ait plus d'inconvéniens à appréhender, soit pour la morale publique, soit pour les légitimes intérêts des familles (2).

---

(1) Manuel du cit., §§ 175-181, 677-678. — Proj. de réf., art. 27-29.

(2) Manuel du cit., §§ 110, 115-117. — Proj. de réf., art. 30-33.

63. Toute détermination émanée de telle autorité que ce puisse être, exécutive, législative ou judiciaire, fixant la valeur des monnaies, le taux des intérêts de l'argent, le prix des salaires, de vente ou de louage, soit des denrées, soit des services, ou assujettissant les contrats des citoyens sur ces différens objets à d'autres conditions que celles par eux librement consenties, sera poursuivie comme un attentat contre le droit de propriété (1).

64. Sont exceptés des dispositions de l'article précédent :

§ 1. Les cas d'expropriation mentionnés à l'art. 49;

§ 2. Les lois qui devront fixer les poids et les mesures, ainsi que la nature, le poids et la division des monnaies;

§ 3. Les lois et les décisions administratives qui auront fixé le prix des denrées ou celui des locations, les salaires des services, la valeur des monnaies, ou l'intérêt de l'argent, par forme de prévoyance, pour les cas éventuels, où rien n'aura été autrement stipulé, soit expressément, soit tacitement entre les parties, ainsi que cela doit leur être toujours loisible.

65. Seront aussi regardées comme illégales et

---

(1) Man. du cit., §§ 713-717. — Droit publ., I, pag. 201. — Proj. de réf., art. 34-35. — Proj. de lois organ., I, art. 476, 477; II, pag. 18, 361, 365.

abusives, toutes résolutions émanées des autorités législatives ou administratives, qui borneront à de certaines personnes ou à de certaines localités l'exercice de quelque branche de commerce ou d'industrie, qui accorderont des priviléges ou monopoles, ou qui créeront dès fermes ou des régies qui excluent de la concurrence les particuliers nationaux ou étrangers (1).

66. Seront exceptés des dispositions de l'article précédent, les brevets à accorder aux auteurs de nouvelles inventions, à ceux qui auront introduit de nouvelles branches d'industrie, ou publié des ouvrages de littérature, sciences, ou arts, aussi long - temps que la loi n'aura pas avisé à un autre moyen de concilier le respect dû aux dépenses et autres sacrifices par eux faits, avec le droit de la liberté illimitée de l'industrie qui appartient à tous les citoyens (2).

67. Toute loi ou détermination administrative qui assujettirait certains objets de commerce ou d'industrie, ou les personnes qui voudraient les exploiter, au paiement de quelque somme ou à l'accomplissement de quelques formalités qui les placent dans une situation moins avantageuse que celle des denrées ou des personnes destinées à

---

(1) Manuel du cit., §§ 118, 658-662, 671, 673-676, 693, 789, 803-807, 814-819, 923-935. — Droit publ., I, pag. 290. — Proj. de réf., art. 36.

(2) Proj. de réf., art. 37. — Droit publ., I, page 18.

concourir avec elles , seront regardées comme des concessions de privilége ou monopole , et partant comprises dans les dispositions de l'article 64.

68. Conformément à ce qui est ordonné dans l'article précédent , seront poursuivies comme coupables d'attentat les autorités susdites , dans le cas où , sous quelque prétexte que ce puisse être , elles ordonneraient ou défendraient à quelque individu, national ou étranger, d'exercer une profession quelconque, ou de l'exercer de telle ou telle façon ; sauf les formalités ou conditions qu'il leur est loisible de prescrire , aux termes des art. 12 et 13 (1).

69. Il sera loisible à tout citoyen d'employer le ministère de telle personne qu'il lui plaira , dans telle branche d'industrie ou de service que ce puisse être, sans autre restriction que celle de la responsabilité solidaire encourue par celui qui est employé et par celui qui l'emploie, pour tout le mal qui en résultera, si le choix tombait sur des personnes qui ne seraient point revêtues des garanties légales (2).

70. Le pouvoir exécutif devra veiller à ce que tout habitant se fasse immatriculer dans quel-

____

(1) Manuel du cit., §§ 802-803, 817. — Proj. de réf., art. 39-40.

(2) Man. du cit., § 816.

qu'une des professions comprises dans les douze classes dont, aux termes de l'art. 90 ci-après, se composent les trois états : le commerce, l'industrie et le service public (1).

71. Des lois spéciales fixeront le mode d'immatriculation ordonnée dans l'article précédent.

72. Aucun citoyen, possédant les connaissances requises pour telle branche du service public du rang auquel il aura été élevé, ou du rang immédiatement supérieur, ne pourra être exclu ni exempté de figurer parmi les candidats à cet emploi ; à moins que ce ne soit en vertu d'une décision judiciaire, ou à la majorité des voix, lorsque la candidature elle-même doit être conférée par la voie d'élections.

73. Sauf le cas d'engagement envers l'état, pour le service civil ou militaire, ou d'obligation de service personnel contractée envers un particulier, sans possibilité de se libérer, par rachat ou par remplacement, il sera libre à chacun d'élire domicile et résidence partout où bon lui semblera, dans le pays même ou à l'étranger, temporairement ou à demeure, sans nul besoin de permission ou autre formalité qui puisse l'arrêter dans l'exercice de ce droit, et sans autre restriction dans la jouissance de ses droits civils et politiques, pendant son absence, que celle résultant des in-

---

(1) Manuel du cit., §§ 44, 123, 163, 694. — Projet de loi organ., I, p. 87, II, p. 113.

hibitions légales, spécifiées au chapitre 3 du titre III.

74. Aux termes de l'article précédent, et de ce qui a été ordonné dans l'art. 53, concernant les obligations onéreuses à supporter par les citoyens, celles du service de l'armée seront réglées d'après les dispositions suivantes :

§ 1. Tous les citoyens capables de faire le service militaire seront inscrits dans l'armée, et auront à servir, à tour de rôle, dans le corps de l'armée qui leur sera assigné d'après les lois;

§ 2. Seront exemptés du service mentionné au paragraphe précédent, les citoyens qui auront été dispensés par décision d'un jury compétent, soit à cause d'incapacité physique, soit à raison de tout autre motif d'excuse prévu par les lois et jugé contradictoirement avec le ministère public ou avec tout citoyen qui voudra y faire opposition ;

§ 3. Le congrès national, sur la proposition du gouvernement, réglera, au commencement de chaque année, la force qui devra être sous les armes pour le service ordinaire spécifié dans la susdite proposition, dans le courant de l'année ;

§ 4. D'après cette détermination du congrès, le gouvernement répartira le service entre les citoyens non exemptés, appartenant aux différentes armes, en sorte que jamais un citoyen ne reste sous les drapeaux en service ordinaire, plus long-temps que tout autre de la même arme et du même grade ;

§ 5. Les citoyens qui ne seront pas en service effectif, mais qui n'en sont pas exemptés, formeront la classe disponible aux ordres du gouvernement, soit pour des revues ou des exercices, soit pour quelque service extraordinaire conformément à la loi;

§ 6. Le commandement en chef de la classe effective de l'armée appartiendra exclusivement à celui des généraux que le gouvernement désignera, et à qui il transmettra ses ordres par l'entremise du ministre d'état au département des affaires de l'armée;

§ 7. L'armée sera divisée en trois corps, savoir : de première, de seconde et de troisième ligne, d'après l'étendue de territoire en dedans duquel chacun d'eux doit faire le service ordinaire de son arme;

§ 8. Appartiendront à la première ligne, les citoyens tenus de faire le service partout où il leur sera ordonné;

§ 9. Appartiendront à la seconde ou à la troisième ligne, les citoyens qui ne seront tenus de faire le service ordinaire que dans l'étendue de certaines divisions territoriales dont la circonscription sera fixée par la loi pour chacune desdites deux lignes;

§ 10. Une loi spéciale déterminera les cas où les citoyens appartenant à la seconde et à la troisième ligne, devront sortir des limites de leur circonscription, s'ils sont appelés pour cause de service extraordinaire;

§ 11. Aucun citoyen ne sera tenu de faire le service militaire hors des frontières de l'état, si ce n'est en cas de guerre déclarée en vertu d'une décision du congrès national;

§ 12. Sera excepté des dispositions du paragraphe précédent, le cas où, à la suite d'une agression, il faudrait poursuivre l'ennemi au-delà des frontières;

§ 13. Les autorités chargées de veiller à l'observation des lois auront soin que les opérations de pure défense, dans le cas d'agression, ne dégénèrent en guerre offensive avant qu'il n'y ait consentement exprès du congrès national ;

§ 14. Les autorités mentionnées au paragraphe précédent veilleront à ce que les étrangers arrivés dans le pays , soit pendant la guerre, même avec leurs gouvernemens, soit pendant la paix, dans le seul but du commerce, ou, en général, dans des intentions inoffensives, y soient accueillis avec tous les égards dus à l'hospitalité, et qu'ils y jouissent de tous les droits civils sans aucune différence d'avec les nationaux;

§ 15. Les mêmes autorités veilleront à ce que les tribunaux du pays administrent la justice aux étrangers mentionnés dans l'article précédent, soit qu'ils y aient recours contre des nationaux, soit contre des étrangers, et pour des obligations contractées dans le pays même ou en pays étranger, soit pour qu'il y soit donné exécution à des **arrêts** passés en chose jugée en pays étranger avec le consentement légal de la partie adverse;

§ 16. Les autorités ci-dessus mentionnées prendront la défense de l'étranger réfugié dans le pays, et dont l'extradition serait demandée par son gouvernement sous prétexte de crime ou de délit : l'extradition ne devant jamais avoir lieu que pour les motifs spécifiés à l'art. 73, et seulement en vertu d'un arrêt judiciaire émané des tribunaux du pays où il sera toujours loisible à tout gouvernement étranger, ainsi qu'à tout particulier, de poursuivre, pour cause civile ou criminelle, tant les nationaux que les étrangers qui seront dans le pays, sans aucune différence, aux termes du paragraphe 15;

§ 17. Il est aussi enjoint aux autorités susdites d'appeler, soit d'office, soit à la requête des parties intéressées ou de tout particulier, à répondre par-devant le pouvoir judiciaire, quiconque, sous prétexte de l'état de guerre, aurait exercé, sur terre ou sur mer, des hostilités contre les personnes ou les propriétés des particuliers, soit appartenant à des nations neutres, soit à celle du gouvernement ennemi, excepté dans le cas d'agression de la part de ces personnes;

§ 18. On punira aussi, comme des actes de concussion, toutes impositions ou réquisitions levées dans les pays conquis, autres que celles qui seraient autorisées par les lois de l'un ou de l'autre pays;

§ 19. Seront encore prévenues d'attentat, toutes les personnes qui, en faisant la guerre, auront commis des hostilités contre des édifices, des monumens, des constructions, et, en général, contre tout objet, meuble ou immeuble qui, bien qu'appartenant à l'état, ne seront pas des munitions ou ressources de guerre;

§ 20. Encourront pareille responsabilité, sous les plus graves peines, les personnes qui exciteraient des révoltes dans les pays de l'ennemi, y emploieraient des moyens de corruption, ou auraient recours aux crimes abominables de faire empoisonner les boissons ou les alimens, d'introduire des maladies épidémiques, de causer des inondations ou incendies, de mettre des villes au pillage, de passer au fil de l'épée, soit les habitans, soit les prisonniers, ou de leur faire essuyer de mauvais traitemens;

§ 21. D'après ce qui est ordonné dans les paragraphes précédens, il est sévèrement défendu à toutes les autorités d'agir contre les personnes ou les propriétés des étrangers non naturalisés, qui auront rendu à leur gouvernement, en cas de guerre, les services que tout citoyen est tenu de prêter à son pays. Ils pourront cependant être retenus comme prisonniers de guerre, s'ils sont, par leurs professions, dans le cas d'être employés par le gouvernement ennemi à l'armée;

§ 22. S'il arrivait cependant que l'étranger, sous prétexte de rendre service à son pays, abusât de l'hospitalité au profit du gouvernement ennemi, il sera puni des peines décernées contre l'espionnage;

§ 23. Au cas où l'étranger qui exerce des actes d'hostilité, quels qu'ils soient, n'appartiendrait pas à la nation dont le gouvernement est en guerre avec ce pays, s'il est fait prisonnier, il devra subir la peine décernée par la loi contre les pirates ou brigands de grand chemin;

§ 24. Ne seront point comprises dans les dispositions du paragraphe précédent, les personnes appartenant à des nations dont les gouvernemens auraient contracté alliance avec le gouvernement ennemi. En pareil cas, quelles qu'aient été l'époque ou les conditions avec lesquelles la susdite alliance aura été contractée, l'allié de l'ennemi, par le fait de lui prêter des secours ou des subsides, sera regardé en état de guerre aussi entièrement que s'il y avait eu de sa part une déclaration formelle;

§ 25. Seront punis comme traîtres, tous les individus qui, ayant acquis dans ce pays des lettres de majorité s'ils sont nationaux, ou celles de naturalisation s'ils étaient étrangers, auront prêté leur coopération, soit les armes à la main, soit de toute autre manière, aux ennemis internes ou externes de l'état (1).

---

(1) Manuel du citoyen, §§ 820-839, 623-624, 916-935, 940, 963-89. — Droit publ., I, pag. 248-263, II, 85-150. — Proj. de l. organ., I, pag. 82, art. 19-35, 539-578. II, pag. 160-168, 372-376.

CHAPITRE II.

De l'exercice des droits politiques.

75. Le nombre, les attributions et la hiérarchie des emplois publics, relatifs aux divers pouvoirs politiques, tant pour le service de l'état en général, que pour celui de chacune des divisions territoriales en particulier, seront réglés par le congrès national.

76. Aucun des pouvoirs politiques ne pourra être exercé que par les personnes à cet effet habilitées par la voie d'élections annuelles, conformément aux dispositions des lois (1).

77. Aucun individu, ni corporation, ne pourra exercer, dans leur plénitude, deux pouvoirs politiques à la fois (2).

-----

(1) Manuel du citoyen, § 183-186. — Droit publ., 1, pag. 11, 24, 113. — Proj. de l. organ., I, pag. 32, 145, 163 et suiv., II, pag. 6, 9, 110, 207. — Proj. de réf., p. 19.

(2) Man. du cit., §§ 192-195. — Droit publ., I, p. 410 — Proj. de l. organ., II, p. 399.

78. Tous les agens des divers pouvoirs politiques seront responsables, non-seulement de leurs actes individuels, mais encore de ceux qui, étant commis à leur contrôle, peuvent les rendre suspects de connivence (1).

79. Lorsqu'un fonctionnaire sera appelé en responsabilité, aux termes de l'article précédent, il sera loisible au plaignant de requérir la suspension du prévenu : et le jury, saisi de la cause, décidera là-dessus comme il le croira convenable.

80. Lorsque le fonctionnaire n'est pas appelé à répondre pour ses propres actes, mais comme suspect de connivence, il lui sera permis d'écarter cette présomption légale de complicité, et, par suite, être renvoyé de la plainte, s'il y a lieu, avant la décision de la cause principale.

81. Les citoyens exerçant des pouvoirs politiques, autres que le pouvoir exécutif, ne pourront en être exclus ni dispensés qu'en vertu d'un arrêt judiciaire ou par le vote des électeurs lors des élections annuelles, selon la nature de l'emploi et les dispositions des lois (2).

82. Les fonctionnaires mentionnés à l'article précédent ne pourront être suspendus de l'exercice de leurs emplois, qu'en vertu d'un arrêt judiciaire prononcé par le jury qui sera saisi de la

---

(1) Man. du cit., § 213, 214. — Droit publ., I, pag. 195. —Proj. de l. organ., I, pag. 219, VII, pag. 297, art. 634.

(2) Man. du cit., §§ 113-114. — Proj. de réf., art. 41.

cause de responsabilité contre eux intentée, aux termes de l'art. 79 (1).

83. Lorsque les fautes commises par des agens subalternes du pouvoir exécutif, ne seront punissables, d'après la disposition des lois, que de la seule suspension, il sera loisible à leurs chefs, tant immédiats que médiats, de leur infliger cette peine, sans autres formalités judiciaires. Mais si une peine plus grave y était affectée, la suspension ne devra avoir lieu qu'en faisant comparaitre le prévenu par-devant le jury compétent pour y répondre de sa conduite, sauf aux subalternes suspendus d'interjeter appel auprès du jury compétent.

84. Tout chef est autorisé à suspendre ou à démettre de leurs emplois, ceux de ses subalternes immédiats qui auraient perdu sa confiance, sauf ce qui est ordonné dans l'article précédent, et sauf encore au subalterne suspendu ou démis d'en appeler au pouvoir judiciaire.

85. Si l'appel mentionné à l'article précédent ayant eu lieu, le jury ratifiait la suspension ou démission de l'appelant, celui-ci devra subir la peine marquée dans les lois contre ceux qui auront interjeté des recours indus.

86. Si le jury déclarait injuste la suspension

____

(1) Man. du cit., art. 196-205, 600-605. — Droit publ., I, p. 410. — Proj. de l. organ., I, p. 157., art. 164, II, pag. 402.

ou démission infligée par le chef, dont appel, celui-ci sera passible de la peine décernée dans la loi contre cette sorte d'abus du pouvoir, ainsi que des dommages-intérêts que les parties lésées seront en droit d'exiger.

87. Le chef qui aura suspendu ou démis de son emploi quelqu'un de ses subalternes, en donnera connaissance à la trésorerie respective, afin qu'il ne lui soit payé, depuis ce moment, que la pension d'attente qui aura été décrétée par les lois en pareil cas.

88. Les autorités chargées de contrôler les dépenses publiques seront tenues de demander des éclaircissemens sur les motifs qui peuvent justifier le surcroit de dépenses résultant de l'accumulation des pensions, mentionnées à l'article précédent, pour le trésor public (1).

89. Tout fonctionnaire qui n'aura pas obtenu, aux dernières élections annuelles, un tiers des voix nécessaires pour être porté sur la liste définitive des élus à l'emploi qu'il occupe, sera censé avoir encouru, par ce seul fait, sa destitution (2).

---

(1) Man. du cit., § 200, 602, 2° 579-581. — Proj. de l. organ., art. 258-262.

(2) Man. du cit., §§ 205-577. — Droit publ., I, p. 389 et suiv. — Proj. de l. organ., art. 212, 249-50.

TITRE TROISIÈME.

De la classification des citoyens.

CHAPITRE I.

De la classification des citoyens d'après leurs professions.

90. Tous les citoyens seront tenus de se faire immatriculer dans une des douze classes ci-après nommées, dont se composent les trois états de commerce, industrie et service public, savoir :

1° L'agriculture ;
2° Les mines ;
3° Les arts et métiers ;
4° Le commerce ;
5° La marine ;
6° L'armée ;
7° Les travaux publics ;
8° Les finances ;
9° La justice ;
10° L'instruction publique ;
11° La santé publique ;
12° La secrétairerie d'état, comprenant les affaires générales et les relations extérieures.

91. Des lois spéciales régleront l'organisation de ces différentes classes, marqueront les professions qui doivent être comprises dans chacune, et les conditions requises pour pouvoir y être immatriculé.

92. Il sera permis de s'immatriculer en deux ou plusieurs professions ou classes à la fois, en justifiant les conditions requises pour chacune.

93. Outre les autres conditions que la loi pourra déterminer pour que les citoyens soient admis à s'immatriculer dans une profession, il faudra montrer que l'on retire de l'exercice de cette profession, au moins le tiers de ses moyens d'existence.

94. Les lois qui classeront les professions, ainsi qu'il est prescrit dans l'art. 91, fixeront le minimum de revenu annuel que les citoyens employés dans chaque branche de ces diverses professions, devront gagner pour pouvoir suffire à leur subsistance.

95. Les personnes qui ne réuniront pas les conditions requises pour être immatriculées dans une profession, aux termes des articles précédens, seront renvoyées aux colonies d'exil ou aux maisons de travail les moins rigoureuses, destinées à la classe des hommes vagabonds (1)

96. Les personnes qui ne pouvant pas prouver

---

(1) Man. du cit., §§ 44, 45 et suiv., 123, 136, 694, 817.

qu'elles tirent leurs moyens d'existence d'une ou de plusieurs professions, ainsi qu'il est ordonné aux art. 93 et 94, réunissent les qualités requises pour y être immatriculées, et justifient que ce n'est pas par leur faute qu'elles n'ont pas pu réaliser le taux légal de revenu, ne seront pas envoyées dans les colonies mentionnées à l'article précédent, mais seront employées par le gouvernement de la manière la plus avantageuse possible, selon leur capacité.

97. Les personnes qui tireront plus d'un tiers de leur subsistance des salaires qu'elles reçoivent d'un ou de quelques individus, à la disposition de qui elles sont, la plupart du temps, pour des services déterminés ou indéterminés, seront censées appartenir à des professions de domesticité de la classe d'industrie ou de commerce, selon la nature des services qu'ils seront le plus souvent dans le cas de rendre à leurs maîtres.

98. Les domestiques, dont les services ne seront pas de nature à pouvoir être classés dans aucune des professions comprises dans les états d'industrie ou de commerce, aux termes de l'article précédent, seront immatriculés dans la même classe et profession que leurs maîtres.

99. Les dispositions de l'article précédent sont applicables aux personnes qui retireront plus des

---

— Droit publ., I, p. 18. — Proj. de l. organ., I, p. 43. — Syst. de més. prél., n° IV.

deux tiers de leurs moyens de subsistance des largesses d'un ou de quelques individus, sans pouvoir assigner des services d'après lesquels on doive les immatriculer dans l'état du commerce ou dans celui de l'industrie.

CHAPITRE II.

*De la classification des citoyens, d'après leurs rangs
de hiérarchie civile (1).*

100. Tous les emplois du service public, quel
que soit le département auquel ils appartiennent,
seront partagés en douze ordres de hiérarchie.

101. Une loi spéciale désignera les emplois des
différens départemens placés au même rang de
hiérarchie.

102. La loi déterminera aussi la dotation qui
doit correspondre à chaque emploi, selon son
rang et quel que soit le département auquel il
appartient.

103. Tous les citoyens actifs, sans excepter
ceux qui ne sont pas employés au service de l'état,
devront être immatriculés dans un des onze premiers ordres de hiérarchie civile, mentionnés à
l'art. 100, d'après l'emploi qu'ils occupent au service
de l'état, ou d'après le vœu de l'opinion publique

______

(1) Manuel du cit., §§ 45-64. — Droit publ., p. 21. —
Proj. de l. organ., p. 87, art. 36; p. 233; p. 38, art. 37-
57, art. 439-481. — Proj. de réf., art. 138-141.

manifestée par la voie des élections annuelles. Tous les autres seront compris dans le douzième ordre.

104. Personne ne pourra être promu de l'ordre de hiérarchie qu'il occupe à un rang supérieur, que graduellement et par la voie des élections mentionnées à l'article précédent, soit qu'elles lui confèrent un emploi auquel correspond l'élévation de rang, soit que l'opinion publique lui accorde, par ce moyen, la récompense due à ses services.

105. Tout citoyen ayant un revenu annuel égal à la dotation du rang immédiat à celui où il se trouve, pourra se faire inscrire dans la liste des candidats aux promotions, qui doivent faire un des objets des élections au commencement de chaque année, ainsi qu'il est déterminé au titre VIII⁰ de ce code.

106. Les personnes qui, n'ayant pas un revenu égal à la dotation du rang immédiat, croiront avoir le droit d'y être élevées, ainsi que celles que le gouvernement jugera convenable de proposer aux élections, comme étant dignes de cet avancement, en feront la déclaration : et si la majorité des voix leur était acquise, il leur sera payé, par le trésor public, la somme nécessaire pour porter leur revenu au taux de la dotation légale du rang auquel elles viennent d'être élevées.

107. Le trésor public garantira aussi à tout citoyen l'intégrité de la dotation de son rang, au

cas où, par des accidens de force majeure, il viendrait à perdre, en partie ou en totalité, le revenu dont il a fait preuve pour pouvoir être élevé, aux termes de l'article précédent, à cet ordre de hiérarchie.

108. S'il arrivait que le citoyen, fonctionnaire public ou non, en contractant des dettes injustifiables, réduisît son revenu patrimonial ou sa dotation au-dessous du taux fixé par la loi pour le rang qu'il occupe, il sera censé être descendu, par ce seul fait, au rang dont la dotation répondra au revenu qu'il touche effectivement ; et il ne pourra rentrer dans le rang d'où il vient de sortir, qu'au moyen d'une nouvelle promotion, et toujours par la voie des élections annuelles.

109. La masse des revenus ou dotations de tous les citoyens occupant les divers rangs de hiérarchie, sera censée se composer de trois parties, dont l'une constitue la pension destinée à la subsistance desdits titulaires; l'autre, la rente de leurs femmes; et la troisième, la rente nécessaire à l'entretien de leurs enfans.

110. La loi fixera le taux de chacune des quotes mentionnées à l'article précédent, en se conformant aux dispositions suivantes :

§ 1. On distinguera, quant aux femmes, le cas de veuvage, séparation ou divorce : et on bornera le paiement des rentes des enfans mâles à leur âge de minorité, et la rente des filles à l'époque où elles se marieront, ou si elles venaient à acquérir de la fortune ou à obtenir des dotations équivalentes payées par l'état;

§ 2. Le chef de famille aura l'administration de la totalité de la dotation, aussi long-temps que les membres de la famille resteront ensemble, et qu'il n'en sera pas dépossédé par arrêt judiciaire;

§ 3. Il ne sera point loisible aux chefs de famille d'aliéner ou d'engager la partie de leurs dotations destinée à servir les rentes des femmes et des enfans, sous peine de nullité de l'acte et d'inhibition pour eux d'être maintenus dans l'administration;

§ 4. Au commencement de chaque année, le gouvernement, après avoir constaté le montant de la somme totale nécessaire pour servir les rentes de toutes les femmes et de tous les enfans, en fera la répartition entre tous les titulaires, au *prorata* de leurs dotations : et chacun d'eux, s'il n'est pas doté par l'état, sera tenu de verser, dans une caisse destinée à cet effet, sa quote de contribution, sauf à retenir le montant des rentes de sa femme et enfans, au cas où il en ait. Quant à ceux qui, n'ayant pas de biens propres, sont dotés par l'état, le trésor versera leurs quotes dans la caisse des familles;

§ 5. Le trésor public garantit aux personnes, une fois créditées à la caisse des familles, l'intégrité de leurs rentes, aux termes des articles 107 et 108.

111. Pour récompenser les personnes de l'un

et de l'autre sexe, dont les services, quoique distingués, ne seront pas un titre suffisant pour pouvoir être élevées au rang immédiat de hiérarchie civile, on créera une légion d'honneur composée de trois ordres équestres, dénommés de l'union, de l'indépendance et de la loyauté.

112. Les membres de chacun de ces trois ordres seront divisés en trois rangs, savoir : chevaliers, commandeurs et dignitaires. Chacun de ces rangs sera partagé en trois classes, et chaque classe en trois degrés.

113. Appartiendront au premier, second ou troisième degré, les légionnaires quel que soit leur rang, selon qu'ils feront partie d'une, de deux, ou de tous les trois ordres à la fois.

114. Tant l'admission à la légion-d'honneur, que la promotion de rang ou de grade, se fera uniquement par la voie des élections nationales, au commencement de chaque année, ainsi qu'il sera déterminé dans le titre VIIIe, où il est traité des élections.

CHAPITRE III.

De la classification des citoyens d'après leur état civil.

115. Les citoyens, jusqu'à leur vingt-unième année accomplie, seront considérés comme mineurs, et, en cette qualité, seront inhibés de l'exercice de tous les droits politiques, et même ils n'exerceront leurs droits civils que par l'entremise de leurs pères ou d'un tuteur que ceux-ci, et, à leur défaut, des autorités compétentes auront désigné.

116. Pendant leur minorité, et aux époques marquées par la loi, les citoyens seront successivement immatriculés, par leurs parens ou tuteurs, dans les colléges d'instruction publique désignés par la même loi, soit pour y suivre les cours d'études déterminés par les réglemens, soit pour y concourir lors des examens auxquels devront prendre part tous les jeunes gens immatriculés dans une même classe.

117. Les parens appartenant au douzième ordre de hiérarchie civile feront immatriculer leurs enfans dans les colléges de la commune ; ceux des dixième

et onzième rangs , dans les chefs-lieux du district ; ceux des trois ordres suivans , depuis le neuvième jusqu'au septième, dans les chefs-lieux d'arrondissement ; ceux des quatrième , cinquième et sixième ordres, dans les chefs-lieux de département; et ceux des trois premiers ordres , dans les chefs-lieux des provinces.

118. Les écoles seront divisées en trois classes, savoir : primaires, générales et normales.

119. Dans les écoles primaires, établies dans chaque commune , et destinées aux élèves de sept à quatorze ans, on fera un cours progressif de l'enseignement purement pratique d'écriture, de lecture, d'arithmétique, de la géométrie graphique, et des notions, simplement intuitives, des objets et des phénomènes de la nature les plus généralement nécessaires à connaître et qui soient à portée de cette première période de la jeunesse. Des travaux mécaniques et des exercices gymnastiques adaptés à leur âge feront l'objet de diversion des élèves , le tout d'après les réglemens (1).

______

(1) *Bases des réglemens.*

On devra s'abstenir, à ce premier degré d'enseignement, de toute déduction synthétique , consistant dans des conclusions du général au particulier. Faire toutes les opérations d'arithmétique numérale et littérale, jusqu'au deuxième degré ; et résoudre tous les problèmes de géométrie élémentaire sans démonstration; connaître les principaux phénomènes de la mécanique, de l'hydro-

120. Les écoles générales, dont il y aura une dans chaque chef-lieu d'arrondissement, et qui sont destinées aux élèves de quatorze à dix-huit ans, s'occuperont de la théorie des études qui n'ont été que pratiques et intuitives dans les écoles primaires. L'analyse supérieure et son application à la mécanique et à l'astronomie compléteront ce cours.

---

dynamique, de la chimie; connaître les animaux, les végétaux et les minéraux les plus utiles, ainsi que leurs parties les plus caractéristiques; et nommément l'anatomie générale, tant du corps humain que des animaux dont l'usage dépend de cette connaissance, tels que ceux de labour; telles sont les études intuitives.

Pour l'exercice dans les objets d'arts et métiers, on devra choisir ceux qui, pouvant être fabriqués par les élèves, depuis sept jusqu'à quatorze ans, servent de base à plusieurs professions diverses : le dessin, le cartonnage, le tour, sont de ce nombre.

On devra leur faire apprendre par cœur et réciter des compositions choisies, contenant des descriptions de la nature, des maximes de morale, des fables et des contes, soit en prose, soit en vers, et des hymnes envers la Divinité, comme créateur et conservateur de l'univers, distribuant des récompenses à la vertu et des châtimens au vice.

On devra affecter diverses branches d'études à diverses langues, afin que les élèves apprennent, par le seul usage, et non par des principes grammaticaux, ces différentes langues, se les rendant familières.

L'étude de la géographie se fera sur la simple démonstration des chaînes des montagnes, l'embranchement des fleuves et rivières, les monumens, les costumes et la physionomie des hommes, des animaux et de la végétation du pays.

Les exercices dans les arts et métiers se feront d'après une plus grande échelle, et même dans des ateliers, fermes-modèles, hôpitaux, et autres établissemens analogues à la branche d'industrie pour laquelle l'élève montrera de l'aptitude.

Les exercices gymnastiques, pendant ces quatre années, doivent avoir pour but spécial les différentes branches du service militaire, depuis les manœuvres de l'infanterie, de la cavalerie, des artistes, et même des ingénieurs, autant que ces diverses opérations peuvent être à la portée de tout le monde, et selon la capacité individuelle de chaque élève (1).

121. Les écoles normales, dont une dans chaque chef-lieu de département, sont destinées pour les élèves qui, devant suivre la carrière des sciences, des belles-lettres ou des beaux-arts, comme leur profession spéciale, voudront s'habiliter dans les trois années suivantes, jusqu'à leur vingt-unième

____

(1)　　　　*Bases des réglemens.*

Au deuxième degré d'enseignement, appartient l'étude de la philosophie générale et appliquée aux sciences morales et politiques, toujours graduellement.

La statistique et l'histoire des divers pays, mais surtout de celui des élèves, doit déjà commencer vers la fin de cette seconde période; mais cette étude doit être méthodique, selon la carrière que chacun aura embrassée.

Les compositions, soit oratoires, soit didactiques, devront aussi se conformer à ce même but.

année, à subir les examens exigés par la loi pour être admis au professorat dans les colléges nationaux.

122. Les élèves immatriculés dans les colléges des communes, soit qu'ils y aient suivi les leçons, soit qu'ils aient étudié ailleurs, devront s'y présenter à l'époque des examens qui auront lieu chaque année.

123. Le jury chargé des examens classera les élèves sous trois rubriques, savoir : *distingués, médiocres* et *inadmissibles*.

124. Les *inadmissibles* resteront dans les écoles de commune; les *médiocres* seront admis aux écoles primaires de district; les *distingués* seront seuls immatriculés dans les écoles primaires d'arrondissement.

125. Ceux qui, pendant trois années de suite, auront obtenu la qualification de *distingués* aux écoles primaires de district, passeront aux écoles primaires d'arrondissement, et s'ils y obtiennent aussi, trois années de suite, la qualification de *distingués*, seront admis aux écoles générales.

126. Ceux qui, déclarés *inadmissibles* ou *médiocres*, seront restés aux écoles primaires de commune ou de district, devront y être appliqués à des travaux d'agriculture, aux métiers et arts mécaniques, chacun selon ses dispositions naturelles.

127. On en agira de même à l'égard des élèves

immatriculés aux écoles générales, quant à leur promotion aux écoles normales.

128. Les élèves qualifiés de *distingués* pendant les trois années de leurs examens aux écoles normales, seront candidats au professorat dans les écoles générales, ainsi qu'aux places d'académiciens du premier rang inférieur. Ceux qui n'auront obtenu aux écoles normales que la qualification de *médiocres*, seront candidats au professorat dans les écoles primaires de commune.

129. Des académies des différentes branches des connaissances humaines siégeront dans les chefs-lieux des départemens, et se composeront de trois ordres de membres correspondant aux septième, sixième et cinquième ordres de la hiérarchie civile. En outre, les académiciens du premier ordre inférieur correspondront aux professeurs des écoles générales, et ceux du deuxième ordre, aux professeurs des écoles normales.

130. Les académiciens auront, à titre de pension, et pour pouvoir se livrer à la culture de leurs professions, la dotation légale de leurs rangs, aussi long-temps qu'ils continueront à obtenir, aux élections annuelles, un tiers au moins de la totalité des voix.

131. Seront candidats aux places de professeurs aux écoles primaires de commune, tous les citoyens qui auront obtenu au moins la qualification de *médiocres* aux examens des trois dernières années des écoles normales.

132. Seront candidats aux places de professeurs aux écoles primaires de district, les professeurs des écoles de commune.

133. Les professeurs des écoles primaires de
district pourront être successivement promus aux
écoles primaires d'arrondissement, de département et de province.

134. Seront candidats aux places de professeurs
des écoles générales, les citoyens qui auront obtenu
la qualification de *distingués*, aux examens des
trois dernières années, aux écoles normales, et les
académiciens du premier ordre inférieur.

135. Seront candidats aux places de professeurs aux écoles normales, les professeurs aux
écoles générales et les académiciens du deuxième
ordre.

136. Les personnes qui, n'ayant pas suivi les
cours aux colléges nationaux, voudront subir, concurremment avec les élèves, les examens ordonnés
dans les articles précédens, pour être admises, soit
comme élèves, soit comme professeurs à l'une desdites écoles, soit comme académiciens, adresseront leurs demandes aux autorités compétentes,
afin d'être portées sur le rôle des concurrens.

137. Personne ne pourra obtenir des lettres
d'émancipation, s'il n'a obtenu au moins la qualification de *médiocre*, aux examens des écoles
primaires de district, pour la science, art ou métier qui sera l'objet de sa profession.

138. Des lois spéciales détermineront la quali-

fication qu'il faudra avoir obtenue, soit aux écoles générales, soit aux écoles normales, pour être candidat aux divers emplois du service public.

139. Les citoyens, quoique majeurs, s'ils n'ont pas obtenu des lettres d'émancipation, ne pourront exercer leurs droits civils que par l'intermédiaire d'un avoué de leur choix, ou qui, s'ils n'en désignaient aucun, leur sera nommé par l'autorité compétente.

140. L'avoué mentionné à l'article précédent sera tenu de se conformer aux instructions du citoyen, à moins qu'elles ne soient contraires aux lois ou aux légitimes intérêts des tiers.

141. Les personnes qui, avant d'avoir complété leur vingt-unième année, croiront pouvoir subir les examens ordonnés à l'art. 136, adresseront là-dessus leur demande à l'autorité compétente, qui, après avoir fait nommer un jury spécial, procédera auxdits examens.

142. Si le jury refusait au pétitionnaire les lettres de majorité, celui-ci pourra en appeler par-devant le pouvoir judiciaire du ressort immédiatement supérieur à celui du jury dont il s'agit d'infirmer la décision.

143. Le citoyen devenu majeur devra élire son domicile civil, s'il ne préfère garder celui que ses parens ou son tuteur auront choisi pour lui.

144. Il sera consigné, dans les registres de la chancellerie du lieu de domicile du citoyen, l'acte

de son état civil, contenant les déclarations suivantes :

1° Le nom du citoyen ; 2° celui de ses parens, vrais ou adoptifs (1), si on les connait, sinon celui de son tuteur (2) ; 3° le lieu, le jour, le mois et l'année de sa naissance ; 4° les écoles où il sera successivement immatriculé, les examens qu'il y subira, et les qualifications qu'il y obtiendra ; 5° la date de son émancipation ; 6° sa profession ; 7° les rangs qu'il obtiendra dans la hiérarchie civile ; 8° le corps d'armée où il est immatriculé ; 9° les lieux où il établira un séjour permanent (3) ; 10° s'il est célibataire, marié ou veuf ; 11° le nom de sa femme ou ceux des femmes qu'il aura épou-

---

(1)   *Base des réglemens.*

La qualification odieuse et infamante d'*enfans illegitimes* ou *naturels* sera abolie. La reconnaissance ne sera, dans ce système de législation, qu'un acte d'adoption sans allusion à la vraie paternité, les adoptés ne devant être désignés que sous le nom général d'orphelins, celui d'*enfans trouvés* devant aussi être proscrit.

(2) La loi pourvoira à ce que le département de la santé publique prenne soin des enfans devenus orphelins par la mort ou l'abandon de leurs parens, quelle qu'en soit la cause. Les chefs des établissemens d'où ces orphelins ressortiront, en seront les tuteurs.

(3) Il est censé que le citoyen, en s'absentant du lieu de son séjour habituel, annonce son départ et le lieu de sa destination au maire de son district, et même à la chancellerie du lieu où il a élu domicile, si son séjour dans l'endroit où il va doit durer un certain temps.

sées; 12° les noms de ses enfans, avec déclaration de ceux de leurs mères : on renverra aux actes d'état civil, tant des femmes que des enfans du citoyen; 13° ses biens-fonds, avec désignation de lieu, ainsi que de la nature et de la valeur moyenne de leurs produits ou rentes annuels; 14° son revenu annuel; 15° les contrats qu'il fera et dont la connaissance pourra intéresser des tierces personnes.

145. Les déclarations mentionnées à l'article précédent ne seront considérées comme impératives, qu'à l'égard des personnes que les lois auront chargées de les enregistrer ou faire enregistrer, soit d'office, soit requises par les parties. Quant au citoyen lui-même, elles seront considérées comme de simples formalités de prévention prescrites par la loi, conformément aux dispositions de l'art. 12, leur omission ne constituant pas, à elle seule, une contravention, mais pouvant devenir une circonstance aggravante, si le citoyen se rendait d'ailleurs coupable de quelque délit ayant rapport à cette omission, qui, en outre, peut être un acte de complicité avec des délits commis par des tiers.

146. Les personnes ayant acte de domicile et d'état civil, depuis leur naissance ou depuis l'époque de leur majorité, dans les registres de quelque chancellerie dans le pays, seront comprises sous la dénomination de *nationaux;* toutes les autres seront dénommées *étrangers.*

147. Les étrangers ne seront pas tenus de subir les examens ordonnés dans les art. 136, 141, afin d'obtenir des lettres d'émancipation, pourvu qu'ils prouvent, par-devant les autorités compétentes, comme quoi ils jouissent de cette qualité dans le pays où ils ont eu, en dernier lieu, leur domicile permanent.

148. La qualité d'émancipés, dont les étrangers devront justifier, aux termes de l'article précédent, doit comprendre explicitement que le pétitionnaire est majeur de vingt et un ans, qu'il tire un revenu suffisant à son entretien de biens-fonds à lui appartenans, de quelqu'une des professions des trois états spécifiés à l'art. 90, y comprise la condition de domesticité mentionnée à l'art. 98, ou de la bienfaisance de quelque personne déterminée, ainsi qu'il est dit à l'art. 99.

149. Les lettres d'émancipation accordées aux nationaux impliquent la pleine jouissance de tous les droits civils, l'admission au onzième rang de hiérarchie, et, par suite, le droit de prendre part aux élections où la loi appelle à voter les citoyens de ce grade.

150. Les seules lettres d'émancipation n'impliquent, pour les étrangers, que la pleine jouissance de tous les droits civils à l'égal des nationaux. Quant aux droits politiques, ils ne leur seront acquis qu'au moyen d'un acte de naturalisation.

151. Les lettres de naturalisation consisteront dans l'arrêt d'un jury spécial, selon l'emploi auquel

l'étranger se destine, déclarant qu'il possède les qualités requises par la loi pour l'exercice de cet emploi.

152. Si l'emploi, faisant partie de l'administration générale du pays, appartient à l'un des six premiers rangs de hiérarchie, le jury appelé à prononcer l'arrêt mentionné à l'article précédent, devra siéger au tribunal suprême de justice.

153. Mais si, appartenant à l'un des six premiers rangs, il fait partie de l'administration de quelque division territoriale, le jury devra siéger au tribunal supérieur de la province respective.

154. Si l'emploi est d'un rang inférieur au sixième, le jury devra siéger au tribunal du premier arrondissement du territoire au ressort duquel l'emploi appartient immédiatement.

155. La jouissance des droits civils ou politiques, acquise soit au national, soit à l'étranger, par le fait de sa majorité ou par des lettres d'émancipation ou de naturalisation, ne saurait lui être enlevée qu'en vertu d'un arrêt judiciaire qui le déclarerait frappé d'incapacité physique ou légale.

156. Seront inhibés à raison d'incapacité physique, les idiots, les aliénés, ou ceux qui, tout en jouissant de toutes leurs facultés intellectuelles, seraient empêchés, par quelque maladie, d'exercer quelques-uns de leurs droits civils ou politiques.

157. Seront inhibés à raison d'incapacité légale :

1° Ceux qui auront commis quelque délit auquel la loi ait décerné, comme peine, l'inhibition des droits qui seront déclarés dans l'arrêt qui les aura condamnés ;

2° Ceux qui, volontairement, se seront désistés de l'exercice de tous ou de quelques-uns de leurs droits, dans les cas où ce désistement n'est pas défendu par la loi ;

3° Ceux qui auront contracté, en pays étranger, des engagemens incompatibles avec tous ou quelques-uns des droits qui, sans cela, leur auraient appartenu (1).

---

(1) Manuel du cit., §§ 32-43. — Droit publ., I, p. 12-18, 186; II, p. 15, 24. — Proj. de l. organ. I, p. 4, art. 8-17, p. 115; II, p. 6, 48, 76, 110, 193.

TITRE QUATRIÈME.

De l'exercice du pouvoir législatif.

CHAPITRE 1.

Dispositions générales.

158. Les lois qui concerneront des intérêts communs à deux ou à plusieurs des divisions territoriales du premier ordre, seront exclusivement de la compétence du congrès national (1).

159. Les lois qui concerneront des intérêts communs à deux ou à plusieurs des divisions territoriales d'un ordre inférieur au premier, seront exclusivement de la compétence de l'assemblée territoriale de l'ordre immédiatement supérieur (2).

160. Les intérêts particuliers de chacune des divisions territoriales, seront exclusivement de la compétence de l'assemblée respective.

---

(1) Manuel du cit., § 266. — Droit publ., I, p. 28. — Proj. de l. organ., p. 313-317.

(2) Man. du cit., § 635-637.

161. S'il arrivait qu'une des divisions territoriales jugeât convenable de dissoudre le pacte social, et de se séparer du corps de la nation pour se constituer en état indépendant, ou pour se réunir à un autre peuple, elle en fera faire la proposition au congrès national, par l'entremise de mandataires à cet effet spécialement élus.

162. Le congrès, après avoir entendu le développement de la proposition mentionnée à l'article précédent, ouvrira les débats sur les conditions que l'on croira devoir arrêter au préalable de la séparation.

163. Si la séparation qui fait l'objet des articles précédens, concernait des intérêts d'une tierce puissance, celle-ci devra être invitée à faire représenter ses droits par des chargés de pouvoirs spéciaux.

164. Dès que toutes les parties intéressées, ainsi qu'il vient d'être dit aux articles précédens, seront d'accord sur les conditions y mentionnées, on dressera l'acte de la séparation avec toutes les solennités que l'on croira convenables (1).

165. Conformément aux dispositions des articles précédens, sera considérée et poursuivie comme un attentat, toute cession de territoire à laquelle les habitans respectifs n'auront pas

____

(1) Manuel du cit., § 825.

expressément consenti par l'organe de leurs man-**dataires** spéciaux, ainsi qu'il a été ordonné dans l'art. 161 (1).

(1) Man. du cit., 835.

CHAPITRE II.

De la composition et des attributions du congrès national.

166. Les représentans des trois états, du commerce, de l'industrie et du service public, formeront autant de sections au congrès national.

La troisième de ces sections sera dénommée *de la statistique* (1).

167. On devra procéder, tous les mois, à l'élection du président et autres officiers du bureau, d'après la méthode générale des élections, exposée au titre VIII (2).

168. Les séances du congrès auront lieu tous les jours de l'année, sauf au même congrès de les proroger, sous sa responsabilité, pour un temps déterminé ou indéterminé, chaque fois qu'il le croira convenable (3).

---

(1) Man. du cit., §§ 269-279. — Proj. de l. organ., art. 514, VI. — Proj. de réf., art. 171, 488, 489.

(2) Man. du cit., § 283. — Proj. de l. org., I, art. 242; II, p. 23, 247.

(3) Man. du cit., §§ 280, 281. — Proj. de l. organ., II, p. 19-21. — Proj. de réf., art. 151, 152.

169. Pendant l'intervalle des sessions, et toutes les fois que le congrès se sera ajourné, le président, ainsi que le bureau à cet effet élu en dernier lieu, resteront en permanence, afin de recevoir les communications du gouvernement et les pétitions des citoyens, pour être présentées dans la prochaine session au congrès, et afin de convoquer les députés lorsque l'ajournement a été pour un temps indéterminé (1).

170. La discussion ne pourra s'ouvrir, dans le congrès, à moins que deux tiers de la totalité des députés ne soient présens; sauf les cas où il s'agirait de délibérer sur les moyens de rendre effective la convocation des membres absens ou celle de leurs remplaçans.

171. On ne pourra procéder à la votation avec moins de trois quarts de la totalité des députés ou leurs remplaçans (2).

172. Il sera loisible à tout député de requérir qu'avant de voter on détermine, à la majorité absolue des voix, si la décision de l'affaire en question doit être prise à la majorité absolue, ou à celle des deux tiers, ou à celle des trois quarts de la totalité des députés (3).

------

(1) Man. du cit., § 280.

(2) Man. du cit., §§ 297, 298. — Droit publ., I, p. 95. — Proj. de l. organ. art. 307, 308. — Proj. de réf., art. 154, 155.

(3) Man. du cit., § 294. — Droit publ., I, p. 94. — Projet de l. organ., art. 305.

173. La session annuelle commencera par la vérification des pouvoirs des députés nouvellement élus.

174. Si le congrès décidait que l'élection de quelqu'un des députés n'est pas en règle, le président fera appeler son remplaçant; sauf au député refusé le droit d'interjeter appel de cette décision auprès du tribunal suprême de justice, où le congrès se fera représenter par un de ses membres ou par un des procureurs de la justice de son choix (1).

175. S'il arrivait qu'au moment de la réunion du congrès, ou pendant la session, quelqu'un des députés fût aux arrêts, ou qu'il dût être arrêté pendant la session, le congrès décidera si ce député doit être considéré comme inhibé, ou si, malgré l'état d'arrêt, il doit continuer à siéger (2).

176. Les séances du congrès seront publiques, excepté le cas où l'on déciderait, à la majorité des trois quarts des voix de la totalité des députés, que l'intérêt de l'état exige que la discussion soit secrète, et la publication des actes ajournée.

177. Le conseil suprême d'inspection et cen-

---

(1) Manuel du cit., § 259. — Droit publ., I, p. 115. — Proj. de réf., art. 146, § 2, et art. 487-493.

(2) Proj. de l. organ., I, p. 7, art. 26 et 27; p. 429, art. 1043-1047; II, p. 27, 477. — Proj. de réf., art. 156, 157.

sure constitutionnelle, veillera à ce que, d'un côté, il n'y ait pas abus de la part du congrès à cet égard, et que, de l'autre, la publication des actes ait lieu à l'époque ordonnée, ou, si celle-ci était restée indécise, qu'ils soient rendus publics aussi promptement que possible.

178. Devront être présens aux séances du congrès, un membre de chacune des trois sections du conseil d'état pour le gouvernement, et, de la part du conseil suprême d'inspection, un membre de chacune des sections spéciales dont il se compose.

179. Les officiers représentant le conseil suprème d'inspection au congrès, ainsi qu'il est ordonné dans l'article précédent, ne prendront aucune part aux débats ni à la votation : leur intervention ne devant avoir lieu qu'au cas où il se passerait quelque chose qui pût porter préjudice aux légitimes intérêts, soit des particuliers, soit de l'état.

180. Tant les ministres que les conseillers d'état, qui pourront être chargés de soutenir ou de développer quelque proposition par-devant le congrès, y prendront part aux débats, mais non à la votation.

181. Pourront assister aux séances du congrès, dans des galeries destinées à cet effet, tous les citoyens ayant droit de voter dans l'élection des députés.

182. Le congrès fera publier régulièrement et

le plus promptement possible, le protocole, le procès-verbal, et les actes de ses séances.

183. Le protocole devra contenir un simple extrait de ce qui a été dit et fait, et le texte des pièces officielles dont la publication aura été ordonnée en général par le réglement, ou aura été arrêtée à la majorité absolue des voix.

184. Le procès-verbal reproduira textuellement les discours, projets, propositions et motions de la séance.

185. Les actes contiendront le récit détaillé de tout ce qui s'est passé pendant la séance, avec renvoi au procès-verbal et au protocole pour le texte des discours et des décisions.

186. Pour rendre effective la publication ordonnée dans les articles précédens, on procèdera d'après les dispositions suivantes :

§ 1. Les secrétaires et les tachygraphes, faisant usage de la polygraphie, tireront trois exemplaires à la fois de tout ce qu'ils écriront pendant la séance, en remettant, à la fin de celle-ci, un desdits exemplaires aux délégués du conseil d'état, un autre à ceux du conseil suprême d'inspection, et en réservant le troisième pour les archives du congrès.

§ 2. Sur l'exemplaire destiné pour les archives du congrès, le bureau dressera le protocole, le procès-verbal et les actes, dans le plus court délai, en convoquant les délégués du conseil d'état, ainsi que ceux du conseil suprême d'inspection, pour en constater l'exactitude avant leur publication.

187. Les officiers du bureau du congrès, ainsi que les autres fonctionnaires chargés d'expédier des copies des pièces mentionnées aux articles précédens, seront responsables de leur exactitude.

188. Un exemplaire de chacune des pièces mentionnées à l'art. 182, sera envoyé à la secrétairerie d'état pour être gardé aux archives de la grande chancellerie, et un autre restera dans les archives du congrès.

189. Outre les exemplaires qui, d'après les dispositions de la loi, devront être envoyés aux autorités et fonctionnaires publics, on en fera tirer le nombre que l'on croira nécessaire, pour satisfaire aux demandes du public en les exposant en vente (1).

190. Les députés seront individuellement responsables :

§ 1. Du manque d'exactitude à siéger ;

§ 2. D'infraction aux réglemens ;

§ 3. De toute assertion injurieuse au tiers, soit citoyen particulier, soit fonctionnaire public.

191. Seront solidairement responsables tous les députés dont la voix aura concouru à former le

------

(1) Man. du cit., §§ 307-316. — Droit publ., I, p. 105. — Proj. de l. organ., I, p. 7, art. 23; p. 10, art. 47; p. 178, art. 289, 293, 299, 303; II, p. 24, 36, 37, 277, 280, 335. — Proj. de réf., art. 153, 500-510, 525, 527.

vote en faveur d'une décision passée en loi, par
laquelle le congrès aurait porté atteinte à la liberté,
à la sûreté ou à la propriété des citoyens, ou à l'indépendance de quelqu'un des pouvoirs politiques
de l'état, ou qui serait incompatible avec quelque
loi antérieure et non abrogée, soit avant, soit par
la décision même qui fait l'objet de l'accusation (1).

(1) **Man.** du cit., §§ 317-325, 599-605. — Droit publ.,
I, p. 27, 41-52, 110, 330. — Proj. de l. organ., I, p. 138,
art. 164, 3°; p. 180, art. 296-298, 302-311, 317-322, 983-
989, 1080; II, p. 26, 212, 295, 463. — Proj. de réf., art.
4, 6, 8-12, 34, 36-38, 43, 56, 513, 521, 547.

CHAPITRE III.

*De la proposition, discussion et votation des projets,
et de la promulgation des lois.*

192. Les gouverneurs des provinces transmettront, vers la fin de chaque année, au secrétaire d'état, dans le terme prescrit par la loi, les propositions que les gouverneurs et les assemblées des divisions territoriales de leur juridiction, auront à soumettre à la délibération du congrès national, d'après la disposition des lois.

193. Tant les propositions mentionnées à l'article précédent, que toutes celles que le gouvernement lui-même voudra adresser au congrès dans le courant de la session de l'année suivante, seront discutées au préalable dans les comités suprêmes, et ensuite dans le conseil d'état, afin d'être accompagnées de tous les éclaircissemens possibles lorsqu'elles devront être présentées au congrès, et afin d'être rangées dans l'ordre qui sera le plus en rapport avec leur importance respective (1).

---

(1) Man. du cit., § 284. — Proj. de l. organ., art. 279. 284, 288.

194. Si, parmi ces propositions, il s'en trouvait dont l'objet fût l'interprétation du texte obscur de quelque loi, c'est par celle-là que la série des propositions devra commencer.

195. On doit regarder comme obscure, aux termes de l'article précédent, toute loi qui n'aura pas été uniformément interprétée dans un tiers des cas où il en aura été fait application par les autorités tant administratives que judiciaires.

Les comités suprêmes en général, et celui de la justice en particulier, sont chargés de faire, aux époques qui seront marquées dans leurs réglemens, le relevé des cas où de telles divergences dans l'interprétation des lois auront eu lieu, et d'en transmettre le résultat au secrétaire d'état, afin qu'il en soit donné connaissance au congrès national, conformément aux dispositions de l'article précédent.

196. Toutes les fois que les députés, en cette qualité, ou tout citoyen exerçant le droit de pétition, voudront adresser quelque proposition au congrès, ils les feront parvenir dans le terme légal, ainsi qu'il est prescrit dans l'art. 192, au secrétaire d'état, immédiatement ou par l'intervention du président du congrès ou des autorités du lieu de leur séjour, afin qu'il y soit fait droit, ainsi qu'il est ordonné dans ledit art. 192, par rapport aux propositions émanées des autorités territoriales.

197. Le secrétaire d'état fera parvenir, dans

le terme légal, au président du congrès, rangées dans l'ordre qui aura été adopté au conseil d'état, les propositions dont il est parlé aux articles précédens, afin que le congrès, prenant le tout en considération, fixe l'ordre du jour des matières qui doivent faire l'objet des travaux ordinaires de la session.

198. Si, dans le courant de l'année, il se présentait quelque affaire tellement importante qu'il parût convenable de la prendre en considération préférablement à celles qui, d'après les dispositions de l'article précédent, seront à l'ordre du jour, le congrès décidera là-dessus, selon qu'il le croira conforme à l'intérêt public (1).

199. Appelé à délibérer sur ce qui concerne les lois regardées comme obscures, aux termes des art. 194, 195, le congrès, après avoir reconnu l'existence des faits qui, d'après ce qui est prescrit à l'art. 195, doivent les faire regarder comme telles, les déclarera nulles et comme non avenues à compter du jour de cette déclaration, et procédera à délibérer sur ce qui doit être ordonné à la place de la loi abrogée, au cas où il y ait nécessité de quelque décision législative (2).

200. Quel que soit l'objet sur lequel le congrès ait à délibérer, le premier point à déterminer sera

---

(1) Man. du cit., §§ 284-287. — Proj. de l. organ., art. 285-87.

(2) Man. du cit., §§ 286, 287.

de décider si l'affaire en question est tellement simple qu'elle puisse être réglée en assemblée, ou bien si elle doit être discutée au préalable dans les sections.

201. S'il est décidé que l'affaire soit envoyée aux sections, des exemplaires en seront distribués à toutes les trois sections pour que la proposition y soit discutée à la fois.

202. Tout membre de section qui, sans rejeter la proposition dans son ensemble, croira devoir y faire des amendemens, devra la reproduire textuellement avec les amendemens qu'il jugera nécessaires, et la remettra au président de la section, dans le terme que celle-ci aura fixé à cet effet.

203. Le président, après avoir donné copie des divers contre-projets qui, aux termes de l'article précédent, lui auront été remis, à chacun des membres de la section, ouvrira les débats le jour qui aura été fixé par la section.

204. Dans les débats, aura la priorité celui des projets dont l'approbation ou le rejet devra rendre inutile la discussion de tous ou de la plupart des autres projets à discuter.

205. Si, après la première lecture, on obtenait unanimité des voix, en faveur ou contre le projet en discussion, on devra passer outre. Mais s'il y avait divergence d'opinions, une deuxième lecture devra avoir lieu. Il devra même y en avoir une troisième, si, à la seconde lecture, il se montrait encore de la divergence d'opinions. Mais

celle-là sera la dernière, et la discussion étant fermée, on procédera à la votation.

206. Si l'objet de la votation est d'approuver ou de rejeter la proposition primitive, aucun amendement n'ayant été offert par les membres de la section, on procédera d'après les dispositions suivantes :

Un huissier présentera à chaque député une urne, dans laquelle celui-ci déposera un billet d'approbation ou de rejet, billet portant son nom. Après que l'on a recueilli toutes les voix, un des secrétaires du bureau tire et lit les billets l'un après l'autre, en appelant le nom du député. Chaque député, en se levant, confirme l'approbation ou le rejet, et réclame contre toute erreur commise. En même temps, un autre secrétaire écrit les noms proclamés dans la liste d'approbation, et un troisième secrétaire dans celle de rejet. On additionne des deux côtés, et l'opinion qui obtient la majorité légale, aux termes de l'art. 172, constitue le vote de la section.

207. Au cas où des contre-projets auraient été présentés, la votation devra se faire ainsi qu'il suit :

Après avoir marqué d'une lettre de l'alphabet, tant la proposition ou projet primitif que les contre-projets, on dressera une liste divisée en six colonnes, dont la première indiquera et le projet et les contre-projets, au moyen des lettres dont ils sont marqués. Les cinq autres colonnes porteront en tête les rubriques suivantes : *première, degré supérieur*; deuxième, *degré moyen*; troisième, *degré inférieur*; quatrième, *inadmissibles*; cinquième, *valeurs totales*.

De ces listes, on distribuera deux exemplaires marqués d'un même numéro, à chaque membre de la commission, afin qu'il écrive en regard, tant du projet que de chacun des contre-projets, le numéro de sa liste dans la colonne des *supérieurs*, des *moyens*, des *inférieurs*, ou enfin des *inadmissibles*, selon l'opinion qu'il s'en sera formée.

La section procédera immédiatement au dépouillement de ces listes votées, en additionnant ensemble toutes les voix qui se trouveront dans les colonnes pareilles des différentes listes.

Dans la liste résultant de ce dépouillement, on considérera les votes de *supérieurs* comme valant le double de celles de *moyens*, et celles - ci le double de celles d'*inférieurs*.

Après avoir donc multiplié les *supérieurs* par quatre et les *moyens* par deux, on additionnera ces produits avec les votes d'*inférieurs*; on retranchera de la somme résultante les votes qui seront dans la colonne des *inadmissibles*. Le reste de cette soustraction représentera le degré d'estime dont le projet auquel ces votes se rapportent jouit dans l'opinion générale de tous les membres de la section.

208. Les projets qui auront obtenu au moins la moitié des voix de la section, devront être dis-

cutés concurremment avec ceux pareillement envoyés des deux autres sections, dans une commission centrale composée d'un nombre égal de
membres de chaque section.

209. Dans la commission centrale, il sera procédé aux débats comme il vient d'être ordonné
pour les sections; seulement la votation devra se
faire par voix curiales.

210. Soit dans les sections, soit dans la commission centrale, on observera les réglemens adoptés par le congrès national, dans tout ce qui
pourra leur être applicable.

211. Les projets qui auront obtenu, dans la
commission centrale, au moins la moitié des voix,
seront discutés en assemblée générale de la chambre, où l'on procédera, ainsi qu'il est ordonné
par rapport à la commission centrale (1).

212. Pendant les débats, soit aux sections et
commission centrale, soit au congrès, il sera loisible au gouvernement de présenter toutes les
observations qu'il croira convenable, aux termes
de l'art. 180.

213. Le projet ou contre-projet qui aura obtenu la majorité légale des voix au congrès national, sera proclamé loi de l'état, et on en dressera

____

(1) Man. du cit., §§ 288-296, 301. — Droit publ., I,
p. 85-104. — Proj. de l. organ., I, p. 7, art. 24; p. 178,
art. 289 et suiv.; p. 185, art. 305-307, 314. — Proj. de
réf., art. 171, 528 et suiv.

deux autographes signés par le président et les secrétaires du congrès.

214. De ces deux autographes, l'un sera déposé dans les archives du congrès, l'autre sera présenté au monarque, en conseil d'état, afin d'être mis à exécution, et de là il sera transmis aux archives de la chancellerie d'état.

215. Le secrétaire d'état enverra à chacun des autres ministres d'état, ainsi qu'aux gouverneurs des provinces, un exemplaire de la loi, signé par le monarque et contre-signé par lui.

216. Les autorités à qui la loi sera envoyée, aux termes de l'article précédent, en transmettront de même des exemplaires, signés par elles, à leurs subalternes immédiats, et ainsi successivement jusqu'à celles qui sont chargées d'en faire la publication, en faisant afficher des exemplaires dans les endroits d'usage, lorsque les lois sont de nature à recevoir cette forme de publication (1).

---

(1) Man. du cit., §§ 230, 231. — Proj. de l. organ., art. 335-337. — Proj. de réf., art. 176-178.

CHAPITRE IV.

De la composition et des fonctions des assemblées territoriales.

217. L'assemblée générale de chaque province sera composée des députés qui auront été élus pour représenter la province au congrès national.

218. Chacune des assemblées provinciales sera partagée en trois sections, ainsi qu'il a été prescrit au congrès national.

219. Les assemblées de province devront se réunir le premier septembre de chaque année, et la session pourra se prolonger jusqu'à la fin du mois, mais pas plus tard ; les décisions de l'assemblée devront être envoyées au gouvernement dans le courant du mois d'octobre, aux termes de l'art. 217.

220. Les assemblées de département seront composées des députés qui représentent les intérêts de ce même département au congrès national, et des maires respectifs.

221. Leur réunion devra avoir lieu le premier août de chaque année ; mais la session ne pourra

aller au-delà d'un mois : le commencement de septembre étant l'époque de la réunion de ces mêmes députés en assemblée de province.

222. L'assemblée d'arrondissement devra être composée des maires des districts respectifs, sous la présidence du sous-préfet, et la session durera depuis le premier jusqu'aux derniers jours de juillet.

223. L'assemblée de district sera composée des surintendans des communes respectives sous la présidence du maire, et leur réunion aura lieu le premier de chaque mois.

224. S'il arrivait que les décisions prises par une assemblée fussent combattues par une autre, ou par quelques unes des autorités chargées de veiller au maintien des lois, on n'ira pas outre avant d'avoir, là-dessus, la décision de l'assemblée immédiatement supérieure à celles dont les intérêts sembleront être en conflit.

225. Toute décision d'une assemblée territoriale, ordonnant ou autorisant, soit la perception, soit l'emploi d'un impôt ou contribution autres que celles votées par le congrès national, soit quant à la nature ou au montant de l'impôt, soit quant au mode de son assiette ou perception, sera regardée comme non avenue, aussi long-temps qu'elle n'aura pas l'approbation du congrès.

226. Tout ce qui, d'après les constitutions de l'état, ou par des lois ultérieures, sera ordonné par rapport au congrès national, devra être con-

sidéré comme concernant les assemblées territoriales, en tant que cela pourra leur être applicable (1).

(1) Man. du cit., §§ 628, 635-638, 641-646. — Proj. de l. organ., I, p. 199-208 ; II, p. 313-317. — Proj. de réf., p. 153-161.

TITRE CINQUIÈME.

De l'exercice du pouvoir judiciaire.

CHAPITRE I.

De l'organisation des tribunaux de justice.

227. Tous les tribunaux de justice seront composés du jury ou corps des juges et des officiers du tribunal, savoir : le président, les greffiers et les assesseurs, dont le nombre doit varier selon l'affluence des affaires dans chaque tribunal (1).

228. Les jurys seront ou généraux ou spéciaux :

§ 1. Les jurys spéciaux seront les seuls compétens pour être saisis des causes dont la décision exige que les juges possèdent des connaissances spéciales de quelque science, art ou profession ;

____

(1) Man. du cit., §§ 339. — Droit publ., I, p. 344-351, 357-359. — Proj. de l. organ., I, art. 680 ; II, p. 368 et suiv. — Proj. de réf., art. 99.

§ 2. Les jurys généraux seront compétens pour être saisis de toutes les causes dont la décision n'exige des connaissances spéciales d'aucune profession (1).

229. Une loi déterminera le nombre et les fonctions des jurys spéciaux, dont il est à prévoir que l'on aura besoin pour la décision des différends qui pourront se présenter.

230. S'il se présentait quelque cause pour laquelle aucun des jurys spéciaux désignés par la loi ne serait compétent, le président du tribunal s'adressera au gouvernement du lieu, afin que celui-ci consulte, là-dessus, les comités administratifs ; sauf aux parties à interjeter appel de leur décision.

231. Les fonctions du jury seront les suivantes :

§ 1. Dans les causes civiles, décider si la prétention de l'auteur est juste dans toute son étendue ou en partie, soit pour ce qui concerne les faits, soit pour ce qui regarde l'application des lois ;

§ 2. Dans les causes criminelles, constater tant la qualité et la quantité du dommage éprouvé par le plaignant, que le degré de culpabilité du défendeur (2);

----

(1) Man. du cit., §§ 350, 351. — Droit publ., I, p. 345. — Proj. de l'organ., I, art. 207, 217, 218; II, p. 394. — Proj. de réf., art. 104.

(2) Man. du cit., § 332, 334. — Proj. de l'organ., I, art. 729, 730. — Proj. de réf., art. 93, 94.

32.

§ 3. Proportionner la gravité de la peine décernée par les lois de l'état, au degré de culpabilité reconnu dans le prévenu (1).

232. Les attributions du président sont les suivantes :

§ 1. Faire citer les parties et témoins ;

§ 2. Faire intimer les officiers du tribunal et les juges ;

§ 3. Déterminer provisoirement le ressort de la cause portée par-devant lui ;

§ 4. Décider aussi provisoirement si la cause ressortit d'un jury général ou d'un jury spécial, en déclarant, dans ce dernier cas, lequel est compétent ;

§ 5. Diriger la marche de la procédure ;

§ 6. Marquer les termes auxquels devront avoir lieu les actes judiciaires ;

§ 7. Maintenir l'ordre des audiences, en faisant traduire par-devant les tribunaux compétens les personnes qui n'obtempéreraient pas à ses injonctions légales (2).

233. Les fonctions des greffiers sont les suivantes :

---

(1) Man. du cit., §§ 324, 334-336, 342-345, 432-435, 745-47, 770-76. — Droit. publ., I, p. 346, 349-51, 356. — Proj. de l. org., I, art. 811-16; II, p. 593. — Proj. de réf., art. 103.

(2) Man. du cit., § 361. — Droit publ., I, p. 359. — Proj. de l. organ., I, art. 686. — Proj. de réf., art. 109.

§ 1. Dresser et contre-signer tous les actes émanés du président ;

§ 2. Écrire, pendant l'audience du tribunal et les conférences du jury, les protocoles respectifs ;

§ 3. Dresser les décisions et arrêts pris par le jury ;

§ 4. Donner des copies authentiques de tout ce que contient le dossier, et des certificats aux parties intéressées de ce qui se sera passé dans le cours de la procédure (1).

234. Les fonctions de l'assesseur sont les suivantes :

§ 1. Faire le résumé des argumens de fait et de droit allégués par le demandeur, ainsi que de ceux qui lui auront été opposés par le défendeur ;

§ 2. Déclarer s'il y a dans la législation du pays une loi applicable à l'espèce, telle qu'elle est présentée, soit par le demandeur, soit par le défendeur, soit par les jurés ; et quelles sont les dispositions de cette loi.

235. Il y aura près de chaque tribunal un procureur de la justice et un solliciteur, tous les deux agens du pouvoir exécutif, de la part du ministère public ; des avocats, des avoués et des

---

(1) Man. du cit., § 363. — Droit publ., I, p. 358. — Proj. de l. organ., art. 687-93. — Proj. de réf., art. 101.

interprètes, dans l'intérêt des parties ; et les délégués du conseil d'inspection et censure constitutionnelle, aux termes de l'art. 179 (1).

236. Les procureurs de la justice sont chargés de veiller à ce que justice soit faite à chacun, tant citoyen particulier que l'état, en recherchant, soit d'office, soit à la requête des parties intéressées, les preuves des faits et la découverte de ceux qui en auront été les auteurs ou les complices. Ils devront invoquer à cet effet l'intervention, tant du pouvoir judiciaire que celle du pouvoir exécutif. Les droits et les devoirs des procureurs de la justice se règlent d'après les mêmes principes que ceux de tout autre fondé de pouvoirs (2).

237. Les recherches et enquêtes auxquelles les procureurs de la justice croiront nécessaire de procéder afin d'obtenir des renseignemens, soit sur la nature et les circonstances des délits parvenus à leur connaissance, soit sur les personnes qui peuvent les avoir commis, seront faites par les autorités administratives à cet effet désignées par la loi, et que le ministère public devra requérir, soit d'office, soit à la requête des parties, et qui ne sauraient

---

(1) Man. du cit., § 339. — Proj. de l. organ., I, art. 710, 714, 718, 719, 723. — Proj. de réf., art. 230, 231, 235-40.

(2) Man. du cit., §§ 556-59. — Proj. de l. organ., art. 710-13. — Proj. de réf., 232-34, 889-92.

jamais se refuser à obtempérer à ces réquisitions (1).

238. Le solliciteur sera chargé de faire mettre à exécution ce qui aura été décidé, soit par le président, soit par le jury, chacun dans l'exercice de ses attributions (2).

239. Les avocats devront requérir et alléguer tout ce qu'ils croiront être conforme au bon droit de leurs cliens, soit qu'ils aient été choisis par ceux-ci, soit qu'à défaut de cette désignation qui appartient à chaque partie, le président les en ait chargés. Il sera cependant loisible aux parties de se passer du ministère d'avocat, si elles préfèrent soutenir elles-mêmes leurs propres causes.

240. L'avocat invité par la partie ou désigné par le président, pourra refuser de se charger de la défense, soit de l'un, soit de l'autre des deux plaideurs, s'il ne la croit pas fondée en justice, pourvu qu'il en fasse la déclaration motivée au greffe.

241. Par suite de l'option accordée à l'avocat dans l'article précédent, il sera, solidairement avec son client, passible des peines portées par la loi contre les procès intentés de mauvaise foi (3).

____

(1) Man. du cit., §§ 359, 360.

(2) Man. du cit., § 364. — Proj. de l. organ., art. 723. — Proj. de réf., art. 238.

(3) Man. du cit., §§ 367, 368. — Proj. de l. organ., I, art. 714, 715.; II, p. 405. — Proj. de réf., 239, 893, 894.

242. Les fondés de pouvoirs nommés par les parties, ou, à leur défaut, par le président du tribunal, parmi les avoués à cet effet désignés par la loi, devront solliciter tout ce qui sera dans les intérêts de leurs commettans; et ils seront tenus de prendre le conseil de l'avocat, chaque fois qu'il sera besoin d'agir d'après des dispositions des lois positives du pays (1).

243. S'il arrivait que l'une des parties, ou quelqu'un appelé à déposer en justice, ne sût pas s'expliquer dans la langue du pays, le président lui désignera d'office quelqu'un qui lui servira d'interprète, à moins que la partie ou le témoin ne donne la préférence à quelqu'un de son choix (2).

244. La loi déterminera le mode d'après lequel les personnes mentionnées dans les articles précédens auront à exercer leurs fonctions.

---

(1) Man. du cit., § 366. — Proj. de l. organ., I, art. 718. — Proj. de réf., art. 898-900.

(2) Man. du cit., § 365. — Proj. de l. organ., I, art. 719-22. — Proj. de réf., art. 901-904.

CHAPITRE II.

De la compétence et de la hiérarchie des cours de justice.

245. Dans les causes civiles, l'étendue de la juridiction se réglera d'après l'importance des valeurs qui font l'objet du litige. Dans les causes criminelles, ce sera d'après la gravité de la peine décernée par la loi contre le délit énoncé dans la plainte. Une loi spéciale fixera les différens ressorts de juridiction.

246. Si une cause semblait devoir appartenir à un certain degré de juridiction dans ses rapports civils, et à un autre, si on la considère comme une cause criminelle, c'est à cette dernière juridiction qu'elle devra être censée appartenir.

247. Quel que soit le degré de juridiction auquel la cause appartienne, la décision devra toujours être votée par deux tiers des juges appelés à émettre leurs voix (1).

248. Pour juger les causes du premier ressort

---

(1) Man. du cit., §§ 431, 448-63. — Proj. de l. organ., I, art. 731-741 ; II, p. 407 et suiv. — Proj. de réf., art. 107, 108, 908-929.

inférieur, il faudra le concours de trois jurés pris parmi les citoyens des neuvième et dixième rangs.

249. Pour les causes du deuxième ressort, il devra y avoir six jurés choisis parmi les citoyens des huitième et neuvième rangs.

250. Pour les causes du troisième ressort, il faudra neuf jurés pris dans les septième et huitième rangs.

251. Pour les causes du quatrième ressort, il faudra douze jurés choisis parmi les citoyens des sixième et septième rangs.

252. Pour les causes du cinquième ressort, il faudra dix-huit jurés choisis parmi les citoyens des six premiers rangs (1).

253. Il y aura dans le chef-lieu de chaque division territoriale, depuis la commune jusqu'à la province, un tribunal de justice, dont les ressorts de juridiction seront graduels et successifs.

254. La loi fixera les jours où chaque tribunal devra tenir ses séances.

255. Les présidens des tribunaux de district ou leurs substituts feront, chaque trimestre, la tournée des communes de leur circonscription, pour tenir des assises partout où il y aura des causes du second ressort à décider en première ou en seconde instance.

_____

(1) Man. du cit., § 461, 462. — Proj. de l. organ., art. 741-48.

256. Les présidens des trois cours supérieures ou leurs substituts feront aussi la tournée du territoire de leur juridiction, savoir : ceux d'arrondissement, une fois tous les trois mois ; ceux des départemens, une fois tous les quatre mois ; et ceux des provinces, une fois tous les six mois. Ils tiendront leurs assises dans le chef-lieu de chaque district où il y aura à décider des causes de leur ressort, en première ou en deuxième instance.

257. Le tribunal de justice de la capitale du pays sera aussi la cour suprême de justice de l'état, et c'est à lui qu'il appartient de décider les différends qui pourront s'élever entre deux ou plusieurs provinces.

258. De même la cour de justice siégeant dans chaque chef-lieu, est la seule compétente pour décider des affaires contentieuses entre deux divisions territoriales comprises sous sa juridiction (1).

259. Toutes les fois qu'à raison de prévention ou de connexion de cause, de convention expresse ou tacite, ou de situation, soit de l'objet litigieux, soit des preuves matérielles, on ne sera pas obligé de plaider devant un tribunal déterminé, le défendeur ne sera tenu de répondre que dans le district de sa résidence habituelle.

─────────────────

(1) Man. du cit., § 452. — Proj. de l. organ., art. 694-707.

260. Dans les causes civiles, il sera loisible aux parties de plaider, de commun accord, par-devant un tribunal dont la juridiction serait inférieure à la cause : et, en pareil cas, il leur sera encore loisible d'en appeler auprès du tribunal compétent.

261. Dans les causes criminelles, il sera aussi loisible aux parties de plaider devant un tribunal d'un rang inférieur au ressort de la cause, pourvu que le nombre et la hiérarchie du jury soient conformes à ce qui est prescrit dans les art. 248 à 252 (1).

------

(1) Man. du cit., §§ 441-47, 457, 463. — Proj. de l. organ., I, art. 749-62, 929-50. — Proj. de réf., art. 250-59, 906, 907, 1092-1123.

CHAPITRE III.

De la procédure.

SECTION I.

Dispositions générales.

262. Tous les actes de la procédure judiciaire, celui de la conciliation excepté, se feront en auditoire public, auquel seront admises toutes les personnes aptes à voter dans l'élection des jurés, ainsi que celles qui ont des causes par-devant le tribunal même.

263. On rendra aussi public, par la voie de la presse, tout ce qui se sera passé pendant la séance, en observant ce qui a été ordonné sur de pareilles publications, à l'égard du congrès national (1).

264. Quelle que soit la cause, civile ou criminelle, le demandeur, aussi bien que le défendeur,

---

(1) Man. du cit., §§ 386-89, 422, 423. — Proj. de l. organ., I, 790-96; II, p. 24, 280, 335. — Proj. de réf., art. 110, 111, 861, §§ 3, 4, art. 863-66.

pourront se faire représenter par un fondé de pouvoirs.

265. Au cas où la partie contraire à celle qui se sera fait représenter par un fondé de pouvoirs, ferait opposition à l'admission de celui-ci, le président décidera le différend, et assignera le jour où la cause sera appelée.

266. Si le président décidait que la partie comparût en personne, et que, en mépris de cette décision, elle ne voulût point se présenter, la cause se poursuivra de même, sauf aux autorités à infliger au contumace la peine décernée par les lois (1).

267. S'il arrivait qu'au jour marqué par le président, le demandeur fît défaut, la citation sera considérée comme nulle et non avenue, et le défendeur pourra demander la réparation des dommages et intérêts à qui de droit.

268. Si c'était le défendeur qui fît défaut, le président nommera un fondé de pouvoirs pour le représenter, jusqu'à ce qu'il nomme un représentant de son choix. Cependant il restera passible d'une peine décernée par la loi pour le cas de contumace (2).

---

(1) Man. du cit., §§ 372-76. — Proj. de l. organ., I, art. 765, 776 et suiv.; II, 413. — Proj. de réf., art. 949 et suiv.

(2) Proj. de l. organ., I, art. 780-83. — Proj. de réf., art. 933-56.

269. Les parties ayant comparu, le président, après avoir entendu l'exposé du demandeur et la réplique du défendeur, décidera si la cause entre dans le ressort du tribunal, ou non. Dans le preier cas, il fera procéder à la nomination des juges; dans l'autre, il renverra les parties par-devant le tribunal compétent, à moins qu'elles ne préfèrent de poursuivre devant celui auxquelles elles se sont d'abord adressées, en observant ce qui a été ordonné dans les art. 264 et 265.

SECTION II.

De la nomination du jury.

270. Sur la liste des jurés élus au commencement de l'année, et dont copie doit exister au greffe du tribunal, les parties choisiront chacune sa quote part des juges qui, d'après la nature de la cause, doivent composer le jury.

271. Si le nombre des parties plaignantes était tel que la nomination indiquée dans l'article précédent ne puisse avoir lieu, ou si quelqu'une des parties se désistait de choisir sa quote, ou si une des parties était le procureur de la justice, on tirera les juges par la voie du sort, en appelant ceux qui, selon l'ordre de la liste, devront être appelés à tour de rôle.

272. Il sera loisible à chacune des parties, le

seul ministère public excepté, de récuser un certain nombre de juges déterminé par la loi, en proportion de la totalité de ceux qui, d'après le ressort de la cause, devront être appelés.

273. Les juges qui voudront décliner le soupçon de partialité qui pourrait s'élever contre eux à raison des liens de parenté, d'amitié ou de communauté d'intérêts avec l'une des parties, ou de motifs de mésintelligence qui aient eu lieu entre eux et l'autre partie, pourront se récuser, sauf aux parties le droit de former opposition (1).

SECTION III.

Du jugement de conciliation.

274. Le jugement de conciliation aura lieu dans toutes les causes, tant civiles que criminelles, et soit des particuliers entre eux, soit entre des particuliers et l'état.

275. Le jugement se rendra à huis-clos, personne n'y étant admis que les agens du pouvoir judiciaire, le procureur de la justice, les parties ou leurs fondés de pouvoirs, leurs avocats, avoués,

---

(1) Man. du cit., §§ 378-81. — Proj. de l. organ., I, art. 809-35 ; II, p. 232, 396 et suiv., 414. — Proj. de réf., 982-1001.

interprètes et témoins, et les délégués du conseil d'inspection.

276. Le demandeur exposera aussi sommairement, et aussi clairement que possible, son intention, en indiquant les preuves sur lesquelles il entend la fonder.

277. Le défendeur opposera aux allégations du demandeur les argumens qu'il jugera convenable; sauf à ce dernier à répondre à son adversaire, qui, à son tour, pourra répliquer encore une fois.

278. Après ces débats, l'audition des témoins, et la production des pièces à l'appui, si les parties et les juges le croyaient nécessaire, le jury déclarera si la prétention du défendeur lui semble ou non fondée.

279. Si le jury, ayant embrassé la négative, le le demandeur adhérait à cette décision, ou si le jury ayant décidé pour l'affirmative, et déclaré les conditions auxquelles la conciliation devra avoir lieu, les parties s'accordaient à les accepter, l'arrêt sera dressé en conformité de ce commun accord, et acquerra, dès-lors, la force de chose jugée.

280. Mais si l'une des parties refusait de se conformer à la décision du jury, le président fera ajouter les actes de cette procédure au dossier, afin que la partie adverse fasse valoir ce refus comme une circonstance aggravante, dans le cas où elle viendrait à obtenir gain de cause.

281. Si les parties s'accordaient à poursuivre par-devant le même jury, le président fixera le jour où le demandeur devra présenter sa demande par articles. Mais si une des parties exigeait que l'on nommât un nouveau jury, c'est par là que devra commencer la nouvelle procédure.

282. Après la nomination du nouveau jury, ou la déclaration des parties qui s'accordent à proroger la juridiction au jury de conciliation, pour prononcer en définitive, le demandeur représentera sa demande dont communication sera donnée au défendeur, en lui assignant le terme convenable pour pouvoir y répondre (1).

SECTION IV.

De l'enquête des témoins.

283 Le demandeur, s'il croit devoir amener des témoins à l'appui de ses prétentions, requerra le président de faire citer, pour comparaître devant le tribunal, à jour fixe, les personnes par lui désignées.

284. Avec la liste des témoins, le demandeur en présentera une autre des faits sur lesquels chaque témoin est appelé à déposer.

---

(1) Man. du cit., §§ 382-88. — Proj. de l. organ., I, art. 951-56; II, p. 454. — Proj. de réf., art. 1124-1131.

285. Le président enverra à chaque témoin copie de la liste des demandes qui le concernent, en lui assignant le jour où il doit comparaître.

286. Il sera aussi donné connaissance, tant de la liste des témoins que de celle des questions, au défendeur, afin qu'il puisse alléguer tout ce qu'il croira convenable pour infirmer le crédit des témoins ou pour contrarier ce qu'ils pourraient déposer à son désavantage.

287. Toute personne dûment citée pour déposer en justice sera tenue d'y comparaître, sauf à être indemnisée des dommages-intérêts qu'elle serait fondée à réclamer.

288. Seront dispensées de déposer, les unes relativement aux autres, d'abord les personnes qui, à raison de leurs liens de parenté, ou d'autres rapports légitimes, ne sauraient le faire sans s'exposer à blesser quelque principe de morale publique ; puis celles qui, par les devoirs de leurs emplois, sont tenues de garder le secret, et enfin celles à qui les lois permettent de recevoir des communications qu'elles ne pourraient révéler sans abus de confiance.

289. Le jury décidera si les excuses alléguées sur ces fondemens, par les personnes appelées à déposer, sont ou non valables. Les parties intéressées pourront interjeter, de ces décisions, recours en appel ou en cassation, selon les cas divers.

290. Il ne sera permis à personne d'adresser

aux témoins d'autres questions que celles comprises dans la liste mentionnée à l'art. 285. sauf celles qui auront pour but d'éclaircir quelques expressions obscures de leurs dépositions.

291. Ces interpellations, cependant, devront être dictées au greffier, qui, après les avoir écrites dans le procès-verbal, les lira à haute voix et recueillera les réponses du déposant.

292. Si les témoins ou les parties se refusaient à répondre aux questions qui leur seraient adressées, sous prétexte qu'elles sont illégales, le président fera déclarer dans le procès-verbal qu'il les cite pour comparaitre par-devant le tribunal immédiatement supérieur, où le président lui-même se fera représenter comme demandeur par un procureur de la justice, et ce tribunal décidera contre qui de droit.

293. Si de nouvelles questions devaient être adressées au témoin, il faudra en dresser une nouvelle liste, en procédant ainsi qu'il a été ordonné dans les art. 285 *et suiv.*

294. Les parties intéressées, ainsi que le ministère public, seront admises à attaquer en faux, sans aucune limitation de temps, les dépositions des témoins, qui, étant convaincus, subiront la peine qui doit être décernée dans les lois contre ce délit.

295. Après que les témoins amenés par le demandeur auront été entendus, on procédera à l'audition de ceux du défendeur, en observant tout ce qui a été dit au sujet de ceux du demandeur.

296. Si le témoin à entendre résidait hors du district du tribunal, le président, après en avoir donné connaissance aux parties, adressera son réquisitoire au magistrat du lieu du séjour du témoin, afin que celui-ci y soit interrogé.

297. Lorsque les témoins, quoique résidant dans le lieu même du tribunal, seront empêchés de comparaître, le président, après avoir reconnu la légitimité de leurs motifs, pourvoira à ce qu'ils soient interrogés par le président d'un tribunal dont le rang ne sera pas inférieur à celui que le témoin occupe dans la hiérarchie civile.

298. Le président interrogeant sera assisté, dans les enquêtes mentionnées aux deux articles précédens, du greffier ainsi que du procureur de la justice, et des délégués du conseil d'inspection près le tribunal respectif. Les parties pourront s'y rendre personnellement ou s'y faire représenter (1).

SECTION V.

De l'examen des pièces, et des descentes sur les lieux.

299. Si les parties produisaient des pièces à l'appui dont l'examen exigeât des connaissances

---

(1) Man. du cit., §§ 325-414. — Proj. de l. organ., I, art. 175, § 5; art. 841-865; II, p. 100 et suiv. — Proj. de réf., art. 1002-26.

spéciales, et par conséquent le concours d'un jury différent de celui qui se trouve saisi de la cause, le président fera nommer ce jury spécial de la même manière qu'il a été ordonné dans les art. 270 *et suivans.*

300. On procèdera de même, toutes les fois qu'il faudra faire des descentes sur les lieux (1).

SECTION VI.

De la conclusion.

301. Après que les deux parties auront produit les preuves qu'elles avaient à alléguer, le président assignera au demandeur le jour de l'audience où il devra contester celles offertes par le défendeur.

302. Les observations du demandeur ayant été communiquées au défendeur, celui-ci devra y répliquer dans le terme fixé par le président.

303. Les deux parties pourront encore être admises à parler chacune une fois, alternativement; après quoi, le président assignera le jour où l'assesseur devra présenter son rapport.

304. Le rapport de l'assesseur contiendra un précis exact des preuves de fait et des allégations

----

(1) Man. du cit., § 415. — Proj. de l. organ., art. 866-871. — Proj. de réf., art. 1027-33.

de droit contenues dans les plaidoiries des deux parties ; après quoi, l'assesseur émettra son opinion sur le fond de la question , en déclarant quelles sont les lois du pays qui peuvent y être appliquées ; ou bien s'il n'y en a pas où l'espèce en question se trouve comprise ; ou enfin si celles qu'il croit pouvoir y être appliquées ne sont pas assez claires et explicites.

3o5. Il sera loisible aux parties de présenter leurs observations sur ce rapport de l'assesseur, séance tenante ou dans un terme convenable qui devra leur être assigné par le président.

3o6. Après que l'assesseur, ayant entendu les observations des parties sur son rapport, l'aura amendé ou ratifié, les juges déclareront s'ils sont en état d'ouvrir entre eux la discussion , ou s'ils ont besoin de quelques délais ou même de quelques éclaircissemens.

3o7. Les réquisitions des juges une fois satisfaites, le président les invitera à se retirer dans la salle destinée aux discussions du jury, accompagnés de leur président, du greffier chargé du dossier, d'un tachygraphe, et des délégués du conseil d'inspection qui auront assisté aux débats.

3o8. Dans la rédaction du procès-verbal des discussions du jury, on observera ce qui est ordonné au sujet de celui des débats du tribunal, autant que cela lui sera applicable.

3o9. Dès que la discussion sera fermée, on procèdera à la votation ; et si deux tiers des voix sont d'accord dans une même opinion, l'arrêt sera dressé en conséquence.

310. Mais si aucune des opinions émises ne réunissait deux tiers des voix, on devra procéder à voter par estimation, d'après la méthode prescrite dans l'art. 207, pour la votation sur les opinions émises au congrès national.

311. Si, après le dépouillement du scrutin, aucune des opinions votées n'a obtenu deux tiers de la totalité des voix d'estimation, comptées ainsi qu'il a été ordonné dans le paragraphe 4 dudit art. 207, le président du tribunal fera appeler le nombre de remplaçans qu'il faudra, jusqu'à ce que l'on obtienne en faveur de l'une desdites opinions la majorité légale des deux tiers, en comptant toutes les voix émises.

312. Les remplaçans appelés d'après ce qui vient d'être prescrit, n'auront pas à émettre de nouvelles opinions, devant se borner à voter sur celles qui ont été émises par les membres du jury primitif; en sorte que les voix des nouveaux venus s'additionneront successivement à leurs analogues précédemment émises.

313. La votation terminée, et le jury rentré dans la salle d'audience, le greffier lira le procès-verbal. Le président du tribunal fera relire, l'une après l'autre, toutes les opinions qui auront obtenu deux tiers des voix, afin que l'assesseur déclare quelles sont les lois du pays pour chacune des susdites opinions.

314. Après que les parties auront dit, sur ces déclarations de l'assesseur, ce qu'elles croiront convenable, le jury, composé de tous les jurés qui auront voté précédemment, soit comme titulaires, soit comme remplaçans, se retirera, comme la première fois, dans la salle de ses conférences, où une nouvelle discussion pourra être entamée sur les opinions consultées par l'assesseur ; et, lorsque la discussion sera fermée, on votera en définitive, en procédant comme il a été dit dans les art. 309 *et suivans.*

315. Dans les causes criminelles, les jurés, en partant de la disposition de la loi pénale, proportionneront la peine qu'elle décerne à la gravité du délit.

316. Si les lois du pays ne décernaient aucune peine pour les délits de l'espèce de celui sur lequel les jurés ont à prononcer, ceux-ci renverront le défendeur de la plainte, en déclarant que c'est faute d'une loi d'après laquelle il puisse être jugé (1).

317. Mais si la cause était civile, le défaut d'une loi applicable au cas en question ne sera pas une fin de non-recevoir. Sur cette déclaration du jury, le président ordonnera aux parties d'exposer devant le tribunal les conditions qui ont servi de base à leur contrat, et, d'après les raisons contradictoirement alléguées par les deux parties,

---

(1) **Man. du cit.,** §§ 416-37. — **Proj.** de l. organ., I, art. 883-911 ; II, p. 425-42. — **Proj.** de réf., art. 1045-1081. — **Proj.** de mes., n° II.

le jury décidera selon ce qu'il croira être conforme à la loi du contrat.

318. Dans cette sorte de causes, l'intervention de l'assesseur ne sera point requise. Les jurés choisiront dans leur sein celui qu'ils croiront le plus propre aux fonctions de rapportéur (1).

319. L'arrêt du jury sera lu devant le tribunal à huis clos et séance tenante, signé par les juges, le président du jury, les officiers du tribunal, et les délégués du conseil d'inspection : après quoi, la séance redevenue publique, il sera lu à haute voix par le greffier.

320. L'arrêt devra exposer, avec précision et clarté, le fait qui en est l'objet, et l'expresse mention de la loi d'après laquelle l'absolution ou la condamnation a été prononcée (2).

321. Dans l'arrêt, il sera toujours fait mention expresse des frais et dépens, les salaires des avocats, avoués, interprètes et témoins y compris.

322. Une loi spéciale réglera la peine à infliger à celui qui, étant déchu de la cause, n'aura pas le moyen de payer les frais et dépens auxquels il aura été condamné.

323. Personne ne sera cependant obligé à faire des avances ou à donner caution pour les frais de justice, la loi devant assurer aux personnes qui

----

(1) Proj. de l. organ., art. 910. — Proj. de réf., art. 1076.

(2) Proj. de l. organ., I, art. 919. — Proj. de réf., art. 1082.

auront droit à toucher quelques sommes à compte de ces frais, le paiement prompt et régulier de ce qui leur sera dû, sauf au trésor public à s'en rembourser sur la partie condamnée (1).

324. L'arrêt se bornera à débouter le demandeur, sans déclarer le défendeur absous ni innocent, toutes les fois qu'il n'y aura eu que faute de preuves suffisantes pour le condamner.

325. Mais lorsque, dans la suite du procès, les juges auront acquis la conviction qu'il y a eu dol ou calomnie de la part du demandeur, ou si le défendeur, après que le demandeur aura été simplement débouté, le convainc de l'un de ces deux délits, le jury déclarera le défendeur innocent, et infligera au demandeur la peine décernée par les lois (2).

326. Si le ministère public reconnaissait que le demandeur débouté s'était rendu coupable de dol ou de calomnie, il requerra que le prévenu soit cité pour ce chef par-devant le même jury qui a été saisi de la cause principale.

327. Les dispositions de l'article précédent ont lieu dans les causes civiles aussi bien que dans les causes criminelles.

328. Si le jury qui a jugé la cause principale

____

(1) Proj. de l. organ., I, art. 920-23. — Proj. de réf., art. 1083-86.

(2) Man. du cit., §§ 436-39. — Proj. de réf., art. 250-253.

est d'un ressort inférieur à celui de la cause en calomnie dont il est fait mention aux deux articles précédens, le président complètera le nombre de juges, en ajoutant aux premiers ceux qu'il faudra, d'après ce qui a été ordonné dans l'art. 261 (1).

329. Soit que le prévenu ait été simplement renvoyé de la plainte ou demande, soit qu'il ait été déclaré innocent, il pourra être de nouveau cité en justice pour la même action, pour la même cause, sauf aux juges à infliger au demandeur le surcroit de punition que la loi doit avoir décerné pour de pareils cas, lorsque le prévenu sera, derechef, déclaré innocent ou simplement renvoyé, soit de la demande, soit de la plainte.

330. Une loi ultérieure déterminera les termes de prescription, tant pour les actions civiles que pour les criminelles (2).

SECTION VII.

Des recours judiciaires.

331. Après que l'arrêt aura été publié, il sera loisible, tant aux parties mêmes ou aux tiers intéressés qu'au ministère public et aux délégués du conseil suprême d'inspection, de présenter, dans

---

(1) Proj. de l. organ., I, art. 926. — Proj. de réf., art. 1089.

(2) Man. du cit., §§ 164-67, 915. — Proj. de l. organ., I, art. 957-73; II, p. 455. — Proj. de réf., art. 1132-49.

un terme qui sera déterminé par la loi, une requête civile au jury même de qui l'arrêt est émané.

332. La requête civile ne devra cependant avoir d'autre but que d'appeler l'attention des juges sur des faits non présentés pendant les débats ; ou sur quelque malentendu évident, concernant les faits débattus ; ou enfin sur quelque fausse application ou interprétation des lois qui auront servi de fondement à l'arrêt.

333. Si la personne qui présente la requête civile était convaincue de négligence coupable ou de propos délibéré, en ce qu'elle ait attendu la conclusion de la cause pour présenter en recours ce qui aurait pu et dû être allégué pendant les débats, on lui infligera la peine marquée dans la loi (1).

334. Lorsque les parties se seront accordées à porter leur cause par-devant un tribunal dont le ressort est inférieur à celui de la cause, il leur sera loisible d'interjeter appel de l'arrêt qui en sera émané. Mais si le tribunal était d'un ressort égal ou supérieur à celui de la cause, il ne pourra pas y avoir lieu à appel.

335. L'appel pourra se faire vers un tribunal supérieur, ou en requérant le président du tribunal même où la cause a été jugée, de faire compléter le jury avec le nombre de juges qu'il faudra, d'après les art. 260 et 261, pour que leur

----

(1) Man. du cit., § 440. — Proj. de l. organ., I, art. 929-35. — Proj. de réf., art. 1092-97.

juridiction réponde au ressort de la cause qu'il s'agit de décider en définitive.

336. Le jury qui connaîtra en appel, n'émettra aucune opinion au fond ni quant à la forme du jugement prononcé par le précédent, hormis ce qui constitue l'objet précis de l'appel.

337. Toutes les décisions du premier jury qui auront acquis force de chose jugée, les parties n'y ayant point fait d'opposition légale, seront considérées comme irrévocables par le jury saisi de l'appel. Mais si celui-ci ne peut pas prendre une décision en connaissance de cause, par la seule lecture du dossier du précédent jugement, et qu'il lui faille entendre des témoins ou faire produire devant lui des pièces à l'appui, ou qu'enfin il ait des éclaircissemens à demander, ce ne sera qu'après avoir été satisfait sur tous ces points qu'il devra prononcer son arrêt.

338. Lorsque l'appel n'aura pas lieu devant un jury dont les premiers juges soient membres, mais par-devant un tribunal supérieur, les voix des membres du premier jury seront additionnées à celles des membres du second qui voteront dans le même sens ; et il faudra qu'une opinion réunisse les deux tiers des voix émises dans les deux jurys, pour pouvoir être regardée comme l'arrêt définitif (1).

____

(1) Man. du cit., § 441. — Proj. de l. organ., I, art. 696-707, 751-53, 946-49; II, p. 446 et suiv. — Proj. de réf., art. 254-59, 1117-1122.

339. Si quelque membre du jury ou le jury lui-même, ou quelqu'un des officiers du tribunal, commettaient quelque abus ou excès de juridiction envers l'une des parties, il sera loisible à celle-ci d'employer la prise à partie contre le fonctionnaire félon, en interjetant recours auprès du tribunal immédiatement supérieur.

340. Le président du tribunal requis fera intimer le fonctionnaire ou les fonctionnaires contre qui la plainte sera dirigée, afin qu'ils comparaissent en personne ou chargent de les représenter le procureur de la justice de ce même tribunal, ou un autre de leur choix.

341. Si le recours interjeté roulait sur quelque incident de la cause, et non pas sur la question qui fait l'objet du différend, et si la partie plaignante est déboutée de son recours, non-seulement il lui sera infligé la peine que la loi aura décernée contre les recours indus, mais la cause sera continuée par-devant le même tribunal et les mêmes juges.

342. Mais si le recours a été interjeté sur l'arrêt en définitive, et que le jury ait condamné l'autorité inculpée, en lui infligeant la peine décernée par la loi, la cause passera à un autre tribunal du ressort compétent, à moins que les parties n'en désignent, de commun accord, un autre, ou même celui qui aura prononcé sur le recours.

343. La prise à partie pourra avoir lieu contre

tout agent du pouvoir judiciaire, quel que soit son rang ; et s'il appartenait à l'une des cours supérieures de province, le recours sera interjeté auprès de tel tribunal qu'il plaira à la partie plaignante de choisir; mais le jury sera composé de dix-huit membres appartenant à l'un des six premiers rangs de hiérarchie (1).

---

(1) Man. du cit., §§ 442-445-63. — Proj. de l. organ., I, art. 694-697-99, 701-703, 754-62, 946-50; II, p. 447. — Proj. de réf., art. 259, 1117-23.

TITRE SIXIÈME.

De l'exercice du pouvoir exécutif.

—

CHAPITRE I.

De l'organisation et des attributions du gouvernement suprême de l'état.

SECTION I.

Dispositions générales.

344. Le gouvernement suprême se compose du monarque et des ministres et sous-ministres d'état. Il exerce ses fonctions par l'entremise des comités administratifs, dont l'organisation sera déterminée par une loi ultérieure (1).

345. Les délibérations du gouvernement suprême auront lieu moyennant des conférences du monarque avec chacun des ministres d'état, le conseil des ministres et le conseil d'état (2).

---

(1) Man. du cit., § 540.
(2) Man. du cit., § 556-587.

346. Les attributions du gouvernement sont les suivantes :

§ 1. Nommer les ministres et les sous-ministres d'état, les gouverneurs des provinces, les préfets ou gouverneurs des départemens, les sous-préfets ou gouverneurs des arrondissemens, les commandans en chef de la force armée des diverses divisions territoriales, ainsi que ceux des départemens maritimes, et les agens diplomatiques accrédités auprès des gouvernemens étrangers (1).

§ 2. Expédier des ordonnances, instructions, réglemens, ou tous autres diplomes destinés à mettre en exécution les légitimes décisions des divers pouvoirs politiques de l'état (2).

§ 3. Négocier des traités, soit politiques, soit commerciaux, avec les gouvernemens étrangers, sans pouvoir, cependant, les conclure avant d'avoir obtenu la ratification du congrès national (3).

§ 4. Déclarer et faire la guerre, avec autorisa-

____

(1) Man. du cit., §§ 647-648. — Droit publ., I, p 194 — Proj. de l. organ., art. 241-50. — Proj. de réf., art. 180, § 1, 462.

(2) Man. du cit., §§ 262, 483, 484, 556. — Droit publ., I, p. 39, 40, 193. — Proj. de l. organ., I, p. 9, § 12, p. 296, art. 633. — Proj. de réf., art. 180, § 2, 382.

(3) Droit publ., I, p. 202. — Proj. de l. organ., I, p. 18 art. 7-8 ; p. 296, art. 633, 1050. II, p. 62. — Proj. de réf. art. 180, § 3, 382.

tion préalable et explicite du congrès national, en vertu d'une décision prise en connaissance de cause et à la suite d'une discussion instituée sur ce point spécial, avec toutes les formalités prescrites pour les lois en général.

§ 5. Disposer de la force armée de terre et de mer, et prendre toutes les mesures administratives nécessaires pour repousser la force par la force, en se conformant aux dispositions des lois, soit que des ennemis externes attaquent ou menacent d'attaquer le pays, soit que des commotions populaires viennent à avoir lieu, en donnant immédiatement communication au congrès national, qui prendra sur l'affaire les résolutions qu'il croira convenables (1).

SECTION II.

De la division du ministère d'état, et de la nomination des ministres.

347. Le ministère d'état sera divisé en six départemens, chacun d'eux confié à la direction d'un ministre spécial, savoir : de la justice, des finances, de la statistique, du commerce et de la navigation, de l'armée et des travaux publics, de la correspondance générale et des relations étran-

---

(1) Man. du cit., § 920. — Droit publ., I, p. 202; II, p. 88.—Proj. de l. organ., I, p. 18, § 9; p. 432, art. 1049-53. II, p. 65. — Proj. de réf., art. 180, §§ 4 et 5.

gères. Le ministre chargé de ce dernier département aura le titre de secrétaire d'état (1).

348. Les ordonnances de nomination des ministres et sous-ministres d'état seront contre-signées par tous les membres du conseil d'état, autres
que les délégués du conseil suprême d'inspection,
et qui voudront subir la responsabilité inhérente à
ces nominations (2).

349. Ni les ministres, ni les sous-ministres,
ne pourront cumuler deux ministères à la fois,
quand même ce ne serait que par *interim* (3).

350. Le régent, toutes les fois qu'il aura à
exercer les fonctions du monarque, nommera les
ministres d'état; et c'est de lui seul qu'ils auront
à recevoir des ordres pendant tout le temps de la
régence (4).

---

(1) Man. du cit., §§ 552-55. — Droit publ., I, p. 207,
208, 237. — Proj. de l. organ., I, p. 24, art. 101, 102;
p. 69, 208, art. 366, 405-12; II, p. 117, 147, 317. — Proj.
de réf., art. 172-75, 587.

(2) Man. du cit., § 572. — Droit publ., I, p. 211. —
Proj. de l. organ., art. 352-67. — Proj. de réf., art. 588.

(3) Man. du cit., § 573. — Droit publ., I, p. 211. —
Proj. de l. organ., art. 576-78; II, p. 322. — Proj. de réf.,
art. 187.

(4) Proj. de l. organ., I, art. 1027; II, p. 70. — Proj.
de réf., art. 590.

SECTION III.

Des conférences du monarque avec les ministres d'état.

351. Au jour de la semaine et dans le lieu marqués par la loi, chacun des ministres d'état tiendra une conférence avec le monarque, afin de recevoir de lui les ordres spéciaux sur tout ce qui concerne son département. La conférence avec le secrétaire d'état aura lieu toutes les fois que l'expédition des affaires l'exigera.

352. Chacun des ministres d'état sera tenu de se rendre aux conférences de ses collègues, toutes les fois que les matières qui doivent y être traitées intéresseront son département, ou impliqueront la responsabilité solidaire de tout le ministère.

353. Dans ces conférences, tiendront la plume les secrétaires des comités suprêmes que les affaires sur lesquelles le monarque aura à décider concerneront spécialement.

354. Devront y assister comme délégués du conseil suprême d'inspection, les mêmes fonctionnaires qui, en cette qualité, assistent aux susdits comités suprêmes.

355. Les ministres d'état échangeront entre eux, chaque jour, des extraits par duplicata de tout ce qui aura été fait dans leurs bureaux respectifs la veille, ainsi que le protocole de leurs conférences avec le monarque.

356. Si quelqu'un desdits ministres remarquait dans les pièces mentionnées à l'article précédent quelque décision ou assertion contre laquelle il doive réclamer, il en fera part au ministre que l'affaire concerne pour lui demander des éclaircissemens, immédiatement ou lors de la première réunion du conseil des ministres.

357. Mais lorsqu'un ministre n'aura rien à opposer au contenu des extraits ou protocoles mentionnés dans l'article précédent, il les ratifiera en y apposant sa signature et en remettant, le premier jour du conseil, un des deux exemplaires reçus au ministre respectif (1).

SECTION IV.

Du conseil des ministres.

358. Le conseil des ministres s'assemblera infailliblement, et sous peine de suspension de tout le gouvernement, une fois par semaine, le jour qui sera déterminé par une loi, et toutes les fois que le monarque croira convenable de le réunir.

359. Les secrétaires et les délégués du conseil suprême d'inspection qui auront assisté aux con-

----

(1) Man. du cit., §§ 559-63. — Droit publ., I, p. 212. — Proj. de l. organ., I, art. 385-91 ; II, p. 325. — Proj. de réf., art. 600-608.

férences des ministres avec le monarque, pendant la semaine, assisteront au conseil des ministres.

360. Le conseil des ministres n'est appelé qu'à discuter les affaires en présence du monarque ou du régent, ceux-ci devant prendre, indépendamment des opinions émises dans le conseil, les résolutions qu'ils croiront les plus conformes à l'intérêt public ; sauf aux ministres et aux autres conseillers qui ne voudront pas partager la responsabilité de quelques décisions prises par le monarque ou régent, de donner leur démission (1).

SECTION V.

Du conseil d'état.

361. Les attributions du conseil d'état sont les suivantes :

§ 1. Discuter, en présence du monarque ou régent, toutes les affaires d'intérêt public que la loi ordonnera d'y traiter, ainsi que celles que le monarque et les membres du conseil, ou ceux du conseil suprême d'inspection, croiront devoir y être débattues.

§ 2. Discuter les propositions et les opinions que les comités suprêmes, ou les gouverneurs des diverses divisions territoriales, adresseront au

______

(1) Man. du cit., §§ 564-71.—Proj. de l. organ., I, art. 392-96; II, p. 328. — Proj. de réf., art. 609 13.

gouvernement, et dont l'importance pourra donner lieu, soit à des ordonnances administratives, soit à des projets de loi à proposer au congrès national.

§ 3. Préparer les projets de loi et autres propositions destinés à être adressés au congrès national, ainsi que les ordonnances et réglemens nécessaires pour mettre les lois à exécution.

362. Le conseil d'état sera composé des ministres d'état, des directeurs, et des surintendans des comités suprêmes.

363. Le monarque pourra faire appeler extraordinairement à prendre part aux délibérations du conseil, toutes les personnes appartenant à l'un des six premiers rangs de hiérarchie qu'il croira convenable d'y admettre, sans aucune exception.

364. Le conseil d'état sera présidé par le monarque, et, dans ses empêchemens, par le régent. Le secrétaire du conseil suprême de statistique tiendra la plume.

365. Si le monarque, bien que dans l'exercice de ses fonctions, est empêché d'assister aux conférences du conseil, on lui en présentera le protocole afin qu'il décide selon qu'il croira convenable.

366. Les travaux du conseil seront dirigés par le secrétaire d'état.

367. Devront assister à toutes les séances du conseil d'état, les membres du conseil suprême d'inspection, pour y réclamer contre tout ce qui

pourrait s'y faire de contraire aux lois, ou pour appeler l'attention du conseil sur tout ce qu'ils croiraient exiger des mesures administratives.

368. Toutes les personnes aptes à voter dans l'élection des conseillers d'état, seront admises à assister, dans des tribunes destinées à cet effet, aux séances du conseil ; sauf les exceptions mentionnées à l'art. 176, mais aussi sous les mêmes réserves.

369. Les protocoles des séances seront dressés et publiés régulièrement, en observant tout ce qui a été dit au sujet de ceux du congrès national, dans l'art. 182 *et suiv.*

370. Seront responsables de complicité des actes de félonie du gouvernement, les conseillers qui auront appuyé de leurs voix les décisions coupables des agens du pouvoir (1).

_____

(1) Man. du cit., §§ 585-88. — Droit publ., I, p. 231. — Proj. de l. organ., I, p. 25, art. 107-12 ; p. 161, art. 240, 249, 1001-16 ; II, p. 77-79, 467. — Proj. de réf., art. 202-11.

CHAPITRE II.

De la composition et des attributions des comités suprêmes.

371. Les comités suprêmes d'administration immédiats aux différens départemens du ministère, seront les suivans :

COMITÉS.	MINISTÈRES.
Justice.	Justice.
Finances.	Finances.
Commerce.	Commerce
Industrie.	et
Agriculture.	Navigation.
Mines.	
Marine.	
Armée.	Armée
Travaux publics. . . .	et Travaux publics.
Statistique.	
Instruction publique. .	Statistique.
Santé publique.	

372. Chacun des comités mentionnés dans l'article précédent, sera composé d'un directeur, et du nombre de surintendans, intendans et vice-intendans qui sera déterminé par la loi. Le comité choisira pour secrétaire, celui des intendans qu'il croira le plus apte pour cette sorte de fonctions.

373. Chaque comité aura pour président et chef le ministre d'état respectif, ou, à son défaut, le sous-ministre. Cependant la direction des travaux appartiendra au directeur respectif.

374. Il y aura, auprès de chaque comité suprême, un délégué de la section du grand-censeur, un autre de celle du grand-chancelier, et un de celle du contrôleur-général. Auprès des comités ressortissant des ministères de la force armée et de la marine, siégeront en outre des délégués des sections respectives du conseil suprême d'inspection.

375. Les attributions communes à tous les comités suprêmes mentionnés à l'art. 371, sont les suivantes :

§ 1. Discuter et préparer les projets de lois, ainsi que des instructions et réglemens nécessaires à leur exécution.

§ 2. Adresser au gouvernement leurs avis concernant les affaires sur lesquelles ils sont consultés ou sur lesquelles le comité jugera convenable de le faire d'office.

§ 3. Veiller à ce que les lois dont l'exécution leur est confiée, soient exactement observées, tant par les citoyens que par les fonctionnaires publics, en exerçant à cet égard la juridiction volontaire, dont la nature et l'étendue seront déterminées par la loi.

376. Les comités publieront régulièrement, et aussi promptement que possible, le protocole de leurs séances, en observant tout ce qui, à cet

égard, a été ordonné au sujet du congrès national ainsi que du conseil d'état.

377. Ce qui vient d'être ordonné au sujet des comités, devra être appliqué à chacune des surintendances et intendances dont ils se composent.

378. Outre la part que chacun des membres des comités doit prendre aux délibérations, ainsi qu'il vient d'être prescrit, il sera chargé de la gestion d'une branche spéciale de l'administration de la compétence du comité.

379. Le nombre des surintendans et intendans sera égal à celui des surintendances et intendances; mais chaque vice-intendant aura la direction d'une ou de plusieurs vice-intendances, selon que la loi, eu égard aux besoins du service public, le croira convenable.

380. La correspondance entre chaque comité et le ministre d'état respectif, ainsi qu'avec toute autre autorité publique, se fera par l'entremise du directeur, sous le contre-seing du secrétaire du comité.

381. Chacun des membres des comités chargé d'une branche de l'administration de leur ressort, sera remplacé, en cas d'empêchement, par un substitut à cet effet nommé, en même temps que le titulaire, par leur chef immédiat (1).

---

(1) Man. du cit., §§ 542-51. — Proj. de l. organ., I, p. 46, 47, 74, 75; p. 224, art. 413-38, 482, 497-500, 607, 608; II, p. 121-38, 141, 143-46, 332, 341.—Proj. de réf., art. 627-49.

CHAPITRE III.

De l'organisation et des attributions des gouvernemens territoriaux.

382. L'exercice du pouvoir exécutif, dans chacune des diverses divisions territoriales, sera confié à un gouverneur, ayant sous ses ordres autant de départemens distincts et correspondant à ceux de la capitale de l'état, qu'il le faudra pour l'administration de la division territoriale respective. Des lois spéciales règleront, pour chacune de ces divisions, le nombre des départemens, ainsi que celui des employés en correspondance avec ceux qui font partie du gouvernement suprême de l'état (1).

(1) Man. du cit., §§ 628-50. — Droit publ., I, p. 28-38. — Proj. de l. organ., I, art. 595-632, 673-79 ; II, p. 101-109, 376-88. — Proj. de réf., art. 798-831.

CHAPITRE IV.

Dispositions générales.

383. Tous les membres du gouvernement, outre la responsabilité qui leur est commune avec tous les agens du pouvoir, aux termes de l'art. 78, seront solidairement responsables des actes pratiqués par chacun d'eux dans l'exercice de ses fonctions (1).

384. Pendant l'inhibition dont le gouvernement serait frappé, si un de ses membres était appelé à répondre, aux termes de l'article précédent, le régent entrera de plein droit dans l'exercice de la régence.

385. La disposition de l'article précédent aura aussi lieu toutes les fois que le ministère se trouvant incomplet, le monarque se sera abstenu de nommer des remplaçans aux ministres ou sous-ministres congédiés ou suspendus de leurs fonctions (2).

386. Le cas prévu dans l'article précédent venant à échoir, le monarque sera censé avoir abdiqué, et on procèdera à l'élection de son successeur, en observant ce qui sera prescrit à cet

-----

(1) Man. du cit., §§ 579, 580. — Droit publ., I, p. 312. — Proj. de réf., art. 195.

(2) Man. du cit., § 602, 6°.

égard dans le titre VIII, où il est traité de l'exercice du pouvoir électoral (1).

387. Tout rescrit émané d'un chef de département sera signé par lui, et contre-signé par le secrétaire de ce même département.

388. La copie polygraphée, destinée à rester dans les archives du département, sera, en outre des signatures ordonnées à l'article précédent, contre-signée par le substitut dudit chef et des délégués du conseil suprême d'inspection qui doivent siéger auprès du département (2).

389. Toutes les fois qu'il y aura lieu à présumer que l'on pourra élever des doutes sur l'époque à laquelle une loi, une décision administrative ou un arrêt judiciaire doivent avoir leur exécution, cette époque devra être expressément marquée dans le texte même du rescrit.

390. Il devra aussi y être expressément déclaré en vertu ou pour l'exécution de quelle loi ou décision administrative, ou arrêt judiciaire, le rescrit aura été dressé.

391. S'il y avait omission de quelqu'une des formalités ordonnées dans les articles précédens, les personnes chargées de l'exécution de l'ordre exigeront de l'autorité de qui il émane, que l'omission

____

(1) Man. du cit., § 582. — Droit publ., I, p. 227. — Proj. de l. organ., I, art. 375-79, 404, 1073-79. — Proj. de réf., art. 199-201, 618, 1207-15.

(2) Man. du cit., § 573. — Proj. de l. organ., art. 662-65. — Proj. de réf., art. 833-40.

soit réparée ; et, si elle s'y refusait, elles en donneront connaissance à leur supérieur commun , sous peine d'être regardées comme complices de l'omission.

392. Les rescrits qui ne seront pas revêtus des signatures prescrites dans l'art. 387, ne seront regardés nulle part comme authentiques ; et toutes les personnes qui les exécuteront, sans y opposer la résistance légale ordonnée dans l'art. 14, seront punies comme complices d'une usurpation de pouvoir.

393. Aucun fonctionnaire public ne mettra à exécution que des ordres signés , avec les formalités prescrites dans les articles précédens, par son chef immédiat , sauf s'il s'agissait de la nomination ou de la démission de celui-ci ; car , en ce cas, le rescrit devra être signé par le chef immédiat du nommé ou démis.

394. Ne sont point compris dans la disposition de l'article précédent, les cas où les autorités ne font que demander des informations aux fonctionnaires leurs subalternes à un degré éloigné, à qui elles s'adressent, toutes les fois qu'il y aurait de l'inconvénient à se servir de l'intervention des chefs immédiats.

395. S'il arrivait qu'un fonctionnaire reçût de son chef quelque ordre évidemment contraire aux lois, il sera tenu de lui faire là-dessus des observations respectueuses. Si le chef n'y a nul égard, le subalterne portera le tout à la connaissance de leur chef commun.

396. Si l'ordre sur lequel le subalterne aura fait des observations, quoique illégal, n'est pas de nature à avoir pour résultat des préjudices irréparables, aux termes de l'art. 14, le subalterne, tout en faisant les observations ordonnées dans l'article précédent, exécutera l'ordre de son chef.

397. Mais s'il croyait que des préjudices irréparables dussent en résulter, il se déclarera inhibé de poursuivre l'exercice de ses fonctions, jusqu'à ce que les autorités compétentes aient décidé entre lui et le chef de qui l'ordre sera émané.

398. Si le doute du subalterne ne roulait que sur le sens de l'ordre qu'il lui était enjoint d'exécuter, il se bornera à demander des éclaircissemens à l'autorité de qui il l'aura reçu ; et si, après avoir compris l'ordre, il le met à exécution, il subira toute la part de la responsabilité qui pèserait sur lui, s'il l'avait exécuté de son propre mouvement (1).

399. Il sera loisible aux parties intéressées de porter plainte par-devant le jury compétent, comme de déni de justice contre tout fonctionnaire qui se refuserait à accomplir des fonctions de sa place, sous prétexte qu'il n'y a pas à sa connaissance de loi, de décision administrative, ou d'arrêt judiciaire assez clair et positif pour qu'il se croie tenu ou autorisé à agir en connaissance de cause.

___

(1) Proj. de l. organ., I, art. 634-42. — Proj. de réf., art. 12, 113-20.

TITRE SEPTIÈME.

De l'exercice du pouvoir conservateur.

CHAPITRE I.

Dispositions générales.

400. Les attributions du pouvoir conservateur seront exercées : 1° par les agens de chacun des quatre pouvoirs, législatif, judiciaire, exécutif et électoral ; 2° par un conseil suprême d'inspection et censure constitutionnelle, et les conseils à lui subordonnés dans les diverses divisions territoriales ; 3° par chaque citoyen, de la manière qui sera statuée ci-après.

401. Les attributions communes à tous les agens du pouvoir conservateur, sont les suivantes :

§ 1. Adresser aux autorités compétentes les doutes qu'ils pourront avoir sur la légitimité des titres des divers fonctionnaires publics.

§ 2. Veiller à ce que les agens d'un pouvoir n'usurpent pas les attributions de ceux d'un autre pouvoir.

§ 3. Réclamer contre tout abus de pouvoir que

les autorités législatives, exécutives ou judiciaires, ou les électeurs dans l'exercice de leurs fonctions, auront commis contre les droits de liberté, sûreté, ou de propriété du citoyen.

§ 4. Invoquer le secours de la force armée, ou appeler la nation à la défense de ses droits, toutes les fois que les libertés publiques seront en danger.

§ 5. Veiller à ce que les actes de toutes les autorités publiques reçoivent la plus prompte et complète publicité.

402. Tout citoyen qui aura connaissance d'un abus ou d'un excès de pouvoir commis par quelque fonctionnaire public, sera tenu de requérir un procureur de la justice de faire comparaître le prévenu par-devant l'autorité compétente.

403. Si le ministère public ne déférait point à la requête qui, d'après les dispositions de l'article précédent, lui serait adressée par un citoyen, celui-ci portera à la connaissance du conseil d'inspection qu'il croira plus convenable, ce déni de justice, et le conseil procédera dans l'affaire ainsi qu'il sera déclaré au chapitre iii de ce même titre.

404. Toutes les fois que les citoyens croiront convenable de faire usage du droit de pétition, au profit ou dans la défense des intérêts publics, il leur sera loisible d'invoquer l'intervention de tel conseil d'inspection qu'ils croiront le plus convenable, en s'adressant au censeur respectif, afin qu'il fasse parvenir leur pétition aux autorités

34.

compétentes, et qu'il en sollicite auprès d'elles une prompte décision, comme de droit.

405. Le seul cas où il sera loisible aux censeurs de refuser la coopération qui leur est ordonnée dans l'article précédent, est celui où la pétition serait conçue dans des termes injurieux, soit à des particuliers, soit aux autorités publiques. En tout cas, les parties pourront interjeter appel auprès des autorités compétentes (1).

____

(1) Man. du cit., §§ 590-99. — Droit publ., I, p. 49, 158, 222, 414. —Proj. de l. organ., I, p. 16, art. 7 1, p. 137, art. 163, 5°; II, p. 9, 5o, 57, 75, 110, 15o, 457-6o. — Proj. de réf., art. 72, § 4.

CHAPITRE II.

Des attributions du pouvoir conservateur appartenant au congrès national.

406. Les attributions du pouvoir conservateur qui appartiennent au congrès national, sont les suivantes :

§ 1. Vérifier les pouvoirs des membres du congrès même.

§ 2. Veiller à ce que l'on procède à l'élection d'un nouveau monarque ou d'un régent, toutes les fois que le cas d'abdication volontaire, d'empêchement physique ou d'inhibition légale aura lieu.

§ 3. Surveiller le maintien et l'observation des lois.

§ 4. Procéder à l'examen de l'administration, au commencement de chaque année, dans le but de réformer les abus qui s'y seraient introduits, et de faire punir les contraventions.

§ 5. Prendre connaissance des réclamations, plaintes ou pétitions qui lui seront adressées par des nationaux ou par des étrangers, soit contre les décisions ou les actes des autorités suprêmes, exécutives, judiciaires ou législatives, soit pour demander le rappel ou l'amendement de quelque loi contraire aux légitimes intérêts des particuliers ou de l'état, soit pour solliciter quelque mesure que le pétitionnaire croira conforme au bien-être de la nation.

§ 6. Appeler à la responsabilité, en observant ce qui a été prescrit dans l'art. 402, tout agent quelconque des trois pouvoirs, électoral, exécutif et judiciaire, que le congrès croira avoir forfait aux devoirs de son emploi.

§ 7. Renvoyer par-devant le pouvoir judiciaire les membres du même congrès qui se seront rendus coupables de quelque délit dans l'exercice de leurs fonctions, ou lorsque, n'ayant commis qu'une transgression aux réglemens, ils refuseront de se soumettre à la décision que le congrès, en vertu de sa juridiction volontaire, aura prise sur l'affaire (1).

§ 8. Accorder ou refuser l'entrée à des forces étrangères de terre ou de mer (2).

§ 9. Décréter, à la majorité de trois quarts des membres du congrès, l'éloignement des personnes dont la présence dans le pays sera incompatible avec la tranquillité publique.

§ 10. Toutes les fois que quelqu'un aura été

---

(1) Man. du cit., § 600. — Proj. de l. organ., I, art. 1017-65; II, p. 470-87. — Proj. de réf., art. 277, 1150-1186.

(2) Man. du cit., § 600, 5°. — Droit publ., II, p. 88. — Proj. de l. organ., I, p. 5, art. 15, § 9; p. 280, art. 574-76, 1051-54; II, p. 17, 480. — Proj. de réf., art. 277, § 5, 1164-67.

éloigné, conformément aux dispositions du paragraphe précédent, la décision qui l'aura ordonné sera soumise à la révision d'un nouveau congrès que le conseil suprême d'inspection convoquera immédiatement d'office, et qui sera composé des députés remplaçans, selon l'ordre de la liste définitive des élections.

§ 11. Il sera loisible aux personnes qui auront été éloignées, ainsi qu'à tout autre individu, national ou étranger, d'alléguer par-devant ce congrès tout ce qu'elles croiront en faveur de leurs légitimes intérêts ou des libertés publiques.

§ 12. Si les voix du congrès reviseur, additionnées à leurs analogues du premier, offraient une majorité de deux tiers en faveur de la décision d'éloignement, celle-ci deviendra, dès ce moment, une loi de l'état.

§ 13. Mais si l'on n'obtenait point cette majorité en faveur de la décision, il y aura immédiatement convocation d'un troisième congrès, composé des remplaçans qui suivront dans la liste, aux termes du paragraphe 10.

§ 14. Si les voix de ce congrès, additionnées avec leurs analogues des deux précédens, offrent la majorité légale de deux tiers en faveur de la décision, elle sera devenue loi de l'état : sinon, elle sera déclarée nulle et comme non avenue.

§ 15. La décision législative qui, aux termes des paragraphes précédens, aura ordonné l'éloignement de quelque individu, ne sera pas censée porter la moindre atteinte à ses autres droits civils ou politiques, dont il continuera à jouir d'après les lois communes à tout citoyen absent.

§ 16. Tant les personnes éloignées, ou d'autres en leur nom, que tout individu quelconque, au nom des libertés publiques, seront admis à réclamer, par-devant les tribunaux de justice, contre les membres du congrès qui auront fait partie de la majorité qui aura décrété et maintenu l'éloignement, au cas où il ait été, en définitive, déclaré violent et arbitraire.

§ 17. Mais soit que l'éloignement ait été cassé ou qu'il ait été maintenu, il sera loisible à la personne éloignée de faire attaquer en justice, tant les membres du congrès que tout autre individu qui, en dehors du simple fait de l'éloignement, auraient porté atteinte à ses droits, lesquels doivent lui être maintenus, aux termes du paragraphe 15, et dont personne ne saurait être exproprié qu'en vertu d'un arrêt judiciaire.

CHAPITRE III.

Des attributions du pouvoir conservateur qui appartiennent au gouvernement.

407. Les attributions du pouvoir conservateur qui appartiennent au gouvernement, sont les suivantes :

§ 1. Convoquer extraordinairement le congrès national, toutes les fois que les intérêts de l'état l'exigeront.

§ 2. Suspendre ou congédier les agens du pouvoir exécutif qui auront perdu sa confiance, en procédant d'après ce qui a été ordonné dans les art. 83 *et suivans.*

§ 3. Faire mettre en procès, conformément aux dispositions de l'art. 402, les électeurs, ainsi que les membres des cours de justice qui auront forfait à leurs devoirs.

§ 4. Veiller à l'observation des art. 190 et 191, faisant appeler à répondre, par-devant le pouvoir judiciaire, les agens du pouvoir législatif, et convoquer leurs remplaçans, d'après ce qui est ordonné aux art. 170 et 406, paragraphe 10, toutes les fois que les députés appelés à répondre formeront la totalité ou la majorité du congrès (1).

---

(1) Man. du cit., § 602. — Proj. de l. organ., art. 974-1016; II, p. 461-70.—Proj. de réf., art. 278, 279, 1181-92.

CHAPITRE IV.

*Des attributions du pouvoir conservateur appartenant
aux agens du pouvoir judiciaire.*

408. Les attributions du pouvoir conservateur
appartenant aux cours de justice, sont les suivantes :

§ 1. Veiller à ce qu'aucune des autres autorités ne soit saisie des affaires de la compétence du
pouvoir judiciaire.

§ 2. Ordonner aux procureurs de la justice
de faire traduire par-devant le tribunal compétent les fonctionnaires publics qui, dans l'exercice
de leurs fonctions, auront porté atteinte à quelqu'un des principes constitutifs de l'état, toutes
les fois que d'autres autorités ou les citoyens,
d'après ce qui a été prescrit dans les art. 402 *et
suiv.*, ne se seraient pas acquittés de ce devoir.

§ 3. Exercer une inspection spéciale sur les
maisons d'arrêt, de détention ou de correction, et sur les lieux d'exil, tant pour ce qui regarde la régularité des arrestations que le traitement des prisonniers (1).

____

(1) Man. du cit., § 601. — Proj. de l. organ., I, p. 29,
art. 131; p. 440, art. 1066-68; II, p. 487. — Proj. de réf.,
art. 280, 1193-99.

CHAPITRE V.

Des attributions du pouvoir conservateur appartenant aux agens du pouvoir électoral.

409. Les attributions du pouvoir conservateur appartenant aux agens du pouvoir électoral, sont les suivantes :

§ 1. Contrôler l'exactitude des registres, matricules et rôles servant aux élections, ainsi que la régularité des pièces à l'appui.

§ 2. Veiller à ce que les agens du pouvoir exécutif appelés à coopérer aux élections, y prêtent le service que la loi leur prescrit, sans porter la moindre atteinte à la liberté des élections, ni mettre la moindre entrave à l'exercice de leurs fonctions.

§ 3. Surveiller la manière dont chacun des citoyens revêtus du pouvoir électoral s'acquitte des devoirs qui y sont attachés.

§ 4. Surveiller la conduite que tous les fonctionnaires par eux élus tiendront dans l'exercice de leurs fonctions, afin de les faire poursuivre en justice, ainsi qu'il a été ordonné dans l'art. 402, dès qu'ils se seront rendus coupables de quelque abus ou excès de pouvoir (1).

---

(1) Man. du cit., § 599. — Proj. de réf., art. 281, 1200-1202.

CHAPITRE VI.

Des conseils d'inspection et censure constitutionnelle.

SECTION I.

Dispositions générales.

410. Il y aura, tant dans la capitale que dans le chef-lieu de chacune des divisions territoriales, un conseil d'inspection et censure constitutionnelle, dont les attributions sont les suivantes :

§ 1. Surveiller la manière dont chacune des autorités constituées s'acquitte des devoirs de sa charge, afin de réprimer ou faire punir les transgressions qui pourraient être commises.

§ 2. Appeler le régent à remplacer le monarque dans les cas prévus par la loi, toutes les fois qu'il ne l'aura pas fait d'office.

§ 3. Déclarer le régent suspendu de ses fonctions, et appeler à le remplacer son substitut, toutes les fois que ledit régent n'aura pas fait procéder de suite à l'élection du nouveau monarque, dans les cas et de la manière que cela lui est ordonné dans l'art. 386.

§ 4. Faire convoquer le congrès national, s'il n'était pas réuni, lorsque les cas prévus dans les deux paragraphes précédens, et dans le paragraphe 4 de l'art. 407, viendraient à avoir lieu.

411. Le conseil suprême d'inspection sera composé d'un grand censeur, un grand chancelier, un grand contrôleur, un feld-maréchal et un grand amiral.

412. Il y aura des conseils d'inspection et censure constitutionnelle dans les capitales des provinces, composés du même nombre de membres et revêtus des mêmes attributions que le conseil suprème.

413. Les attributions d'inspection et censure constitutionnelle seront exercées dans les divisions subalternes de provinces par des commissaires dont le nombre et les devoirs seront déterminés par des lois spéciales.

414. Les attributions du grand censeur sont les suivantes :

§ 1. Veiller à la prompte expédition des affaires par-devant toutes les autorités constituées.

§ 2. Contrôler la conduite de tous les agens des divers pouvoirs politiques, par toutes les voies que la loi met à sa disposition.

415. Les attributions du grand chancelier sont les suivantes :

§ 1. Apposer les sceaux de l'état aux diplomes qui, d'après la loi, devront en être munis ;

§ 2. Diriger et inspecter toutes les archives publiques.

416. Les attributions du grand contrôleur con-

sistent à surveiller, dans le plus grand détail possible, toutes les branches tant de la recette que des dépenses de l'état.

417. Les attributions du feld-maréchal sont les suivantes :

§ 1. Inspecter tant le personnel que le matériel des forces de terre.

§ 2. Assumer le commandement immédiat de toute l'armée, dans les cas et la manière ordonnés par les lois, et généralement toutes les fois qu'il croira les libertés publiques en danger.

§ 3. Toutes les fois que le feld-maréchal, en vertu de ses attributions, aura à prendre le commandement de la force, soit dans une, soit dans plusieurs provinces, soit dans toute l'étendue du pays, jamais il ne pourra le faire qu'en réunissant sous leurs drapeaux la classe effective et la classe disponible de l'armée.

§ 4. Pendant tout le temps que le feld-maréchal exercera le commandement de la force armée, aux termes des paragraphes précédens, il ne lui sera point loisible de siéger au conseil suprême d'inspection ; mais il y sera remplacé par son substitut légal.

418. Les attributions du grand amiral seront, par rapport aux forces de mer, les mêmes qui viennent d'être conférées au feld-maréchal, en tout ce qui pourra lui être appliqué.

419. Seront attachés au conseil suprême d'inspection : un secrétaire, un fiscal, un archiviste et

an tachygraphe. Les fonctions de ces employés sont les mêmes que celles spécifiées au sujet des officiers qui leur correspondent auprès du congrès national.

420. Les séances du conseil suprême, qui devront avoir lieu une fois par semaine, seront présidées par le grand censeur, ou, en cas d'empêchement, par la personne que la loi aura désignée pour le remplacer.

421. Chacun des membres des conseils d'inspection fera, une fois chaque année, aux époques déterminées par la loi, la visite, dans l'étendue de son ressort territorial, afin d'y inspecter l'observation des lois dans ce qui concerne ses attributions (1).

SECTION II.

Des bureaux du conseil suprême d'inspection.

422. Il y aura, pour l'expédition des affaires du ressort de chacun des membres du conseil suprême d'inspection, un bureau spécial composé du nombre d'officiers qui sera déterminé par la loi.

423. Des membres des bureaux mentionnés dans l'article précédent, choisis par leurs chefs respec-

---

(1) Man. du cit., §§ 597, 6o3-6o9. — Droit publ., I, p. 222. — Proj. de l. organ., I, art. 1069-79; II, p. 488. — Proj. de réf., art. 282-85, 1203-15.

tifs, devront siéger auprès des conseils et comité suprêmes de l'état, ainsi qu'auprès du congrè national, des cours de justice et des assemblées élec torales, afin d'y veiller à ce que rien ne se fasse contre les légitimes intérêts, soit des particuliers, soit de l'état.

424. Les membres des bureaux du conseil suprême devront faire part, jour par jour, à leurs chefs respectifs, de tout ce qui se passera de remarquable dans les départemens auprès desquels ils seront délégués; et après avoir délibéré ensemble, en comité, avec tous les membres du bureau, le chef fera son rapport au conseil suprême dont il requerra l'intervention auprès du gouvernement ou des autorités suprêmes, législatives ou judiciaires, toutes les fois qu'il le croira nécessaire.

425. Afin de rendre effective la surveillance ordonnée dans les articles précédens, on sera tenu, dans chaque département, de transmettre aux délégués du conseil d'inspection y siégeant, deux copies de toute pièce qui, d'après les lois, devra être soumise à leur inspection.

426. Les délégués du conseil d'inspection, après avoir examiné les papiers dont il est ordonné dans l'article précédent, que communication leur soit donnée, retourneront un des exemplaires revêtu de leur *visa*, avec ou sans observation. Dans le premier cas, l'autorité à qui l'observation sera adressée y satisfera comme de droit.

427. Aux termes de l'article précédent, les

...ciers du bureau du contrôle des finances, qui doivent être délégués près de chaque département, prendront note de toutes les valeurs dont il sera fait mention dans les papiers entrés dans ledit département ou qui en sortiront, soit qu'elles y figurent comme ayant été reçues ou payées pour le compte de l'état, soit qu'elles soient censées être dues ou avoir été promises par des particuliers au trésor public, ou par celui-ci à des particuliers, et tant dans le pays qu'à l'étranger.

428. Les observations que l'on aura faites dans le courant de l'année, sur les abus ou les excès de pouvoir qui se seront commis, serviront de base à l'examen que, dans l'art. 406, paragraphe 4, il est ordonné de faire de l'administration, dans le but d'y apporter le remède le plus prompt et le plus efficace que les circonstances permettront.

429. Le bureau de la grande chancellerie sera chargé de tenir au courant l'état de la législation ; en sorte que l'on puisse savoir à chaque moment et au besoin, avec facilité et sans confusion, quelle est la disposition des lois sur chaque affaire qui pourra se présenter.

430. Tous les notaires, greffiers et secrétaires attachés aux divers départemens administratifs, ainsi qu'aux cours judiciaires, seront membres de la chancellerie de la division territoriale à laquelle ces départemens ou ces cours appartiendront.

431. Une loi spéciale désignera les chancelle-

ries où les divers employés publics doivent consigner leurs signatures, afin que les légalisations puissent s'opérer aussi promptement qu'il est nécessaire, dans l'intérêt des citoyens.

432. En général, chaque citoyen devra consigner sa signature dans la chancellerie du lieu de son domicile aux termes des art. 144 et 145 ; mais il sera admis à le faire dans toutes celles où il croira que cela peut lui être nécessaire.

433. Le gouvernement prendra, avec les puissances étrangères, les arrangemens convenables pour que la légalisation des papiers, dans les rapports entre nationaux, ait lieu de la manière la plus expéditive et la plus authentique (1).

---

(1) Man. du cit., §§ 610-27. — Proj. de l. organ., I, art. 1080-1134 ; II, p. 492-503. — Proj. de réf., art. 286, 90, 1216-82.

TITRE HUITIÈME.

De l'exercice du pouvoir électoral.

434. Les assemblées électorales se réuniront au commencement de chaque année et dans les lieux désignés par la loi (1).

435. Aux termes de l'art. 149, tout citoyen émancipé se trouve, par ce seul fait, investi du pouvoir électoral, et devra être appelé à voter dans les élections nationales, selon le rang de hiérarchie civile auquel il aura été élevé (2).

436. Tous les citoyens actifs compris dans les dix premiers rangs de la hiérarchie civile, et résidant dans une même division territoriale, seront électeurs pour les emplois publics en dedans de la même division, conformément aux dispositions suivantes :

§ 1. Dans les districts, ils seront les électeurs du maire du district, des surintendans des communes, des intendans des sections et de tous les autres officiers municipaux, ainsi que des membres

----

(1) Man. du cit., §§ 241-43. — Droit publ., I, p. 388. — Proj. de l. organ., T, p. 140, art. 170; II, p. 239. — Proj. de réf., art. 260.

(2) Man. du cit., §§ 216-37. — Droit publ., I, p. 382. — Proj. de réf., art. 355.

des jurys généraux près le tribunal du district, et des officiers de ce même tribunal.

§ 2. Dans les arrondissemens et les départemens, ils seront les électeurs pour tous les emplois du pouvoir judiciaire, ainsi que pour ceux qui ressortissent du conseil suprême de l'inspection et censure constitutionnelle.

437. Si les emplois mentionnés à l'article précédent font partie de l'administration générale d'une province, seront électeurs tous les citoyens compris dans les six premiers rangs de hiérarchie et résidant dans la même province ; mais s'ils font partie du gouvernement suprême de l'état, seront électeurs tous les citoyens compris dans les six premiers rangs, quel que soit le lieu de leur résidence.

438. Seront électeurs des membres des jurys spéciaux, dans les diverses divisions territoriales, tous les citoyens qui, aux conditions requises par les articles précédens, réuniront celle d'appartenir à la profession qui constitue la spécialité du jury.

439. Seront électeurs des membres de la section de statistique au congrès national, les citoyens compris dans les dix premiers rangs de hiérarchie et résidant dans le département que le député doit représenter.

440. Seront électeurs des membres des sections du commerce et de l'industrie au congrès national, les citoyens qui réuniront aux conditions requises pour être électeurs des membres de la section de

statistique, celle d'appartenir à celui desdits états dont le député doit représenter les intérêts.

441. Seront censés appartenir à l'état du commerce : 1° les citoyens compris dans la classe spécialement désignée par ce nom ; 2° ceux compris dans la classe de la marine ou dans celle des finances ; 3° ceux employés au département des relations extérieures.

442. Seront censés appartenir à l'état de l'industrie, les citoyens compris dans les classes d'agriculture, des mines, des arts et métiers, des travaux publics, de l'instruction et de la santé publiques, de la justice et de l'armée.

443. Seront électeurs pour les emplois du pouvoir exécutif des onzième et douzième rangs de hiérarchie, tous les citoyens actifs compris dans le neuvième, le dixième et le onzième rang, et appartenant à la même branche du service public dont l'emploi fait partie.

444. Pour tous les autres emplois du pouvoir exécutif, dont le rang sera supérieur au onzième, seront électeurs les citoyens qui, appartenant à la même branche du service, occupent un rang de hiérarchie égal à celui de l'emploi, le rang immédiatement supérieur, ou celui immédiatement inférieur (1).

---

(1) Man. du cit., § 47. — Droit publ., I, p. 292. — Proj. de l. organ., I, p. 147, art. 192 et suiv.

35*

445. Seront électeurs du monarque, ainsi que du régent, tous les citoyens actifs compris dans les six premiers rangs de la hiérarchie civile (1).

446. Seront candidats aux emplois de monarque et régent, tous les citoyens actifs compris dans les trois premiers rangs de hiérarchie.

447. Pour tous les autres emplois du pouvoir exécutif, les chefs choisiront leurs subalternes immédiats parmi ceux qui, aux termes des art. 440 et 441, auront obtenu au moins un tiers des voix viriles; en se conformant d'ailleurs aux dispositions suivantes :

448. Le monarque choisira les ministres et sous-ministres d'état parmi les conseillers d'état; et les préfets et sous-préfets, parmi les candidats qui lui seront présentés pour les élections annuelles.

449. Les ministres d'état, ainsi que les gouverneurs des provinces, choisiront les directeurs des comités administratifs respectifs ; les directeurs choisiront les surintendans; ceux-ci, les intendans; et ceux-ci enfin, les vice-intendans desdits comités (2).

450. Les maires, gouverneurs des districts, les

---

(1) Man. du cit., § 239. — Proj. de réf., art. 272.
(2) Man. du cit., §§ 211-19. — Droit publ., I, p. 395. — Proj. de l. organ., art. 226 et suiv. — Proj. de réf., art. 75.

surintendans , gouverneurs des communes , les intendans , gouverneurs des sections, de même que les officiers municipaux de ces trois sortes de divisions territoriales, quoiqu'ils soient des agens du pouvoir exécutif, ne dépendront de la nomination d'aucun des chefs de ce pouvoir ; mais ils ressortiront immédiatement des élections nationales , ainsi qu'il a été prescrit dans l'art. 436, paragraphe 1 (1).

451. Les conditions de candidature, pour tous les emplois du service public, se règleront d'après les dispositions suivantes :

§ 1. Seront candidats en première ligne , les citoyens qui exerceront les emplois au moment des élections.

§ 2. Seront candidats en seconde ligne , les citoyens qui exerceront, au moment des élections, une charge du même département du service public et d'un rang immédiatement inférieur à celui de l'emploi qui est l'objet des élections.

§ 3. Seront candidats en troisième ligne , les citoyens qui, sans occuper aucune charge publique, auront obtenu aux examens des écoles nationales de la science, art ou profession respectives, des grades académiques qui les placent dans un rang de hiérarchie égal ou immédiatement inférieur

―――――

— Proj. de l. organ., art. 226 et suiv. — Proj. de réf., art. 75.

(1) Man. du cit., §§ 647, 648. — Proj. de l. organ., art. 207. — Proj. de réf., art. 419 et suiv.

à celui de l'emploi sur lequel roulent les élections.

452. Les candidats en première ligne, aux termes de l'article précédent, auront la préférence sur tous les autres concurrens, s'ils parviennent à obtenir un tiers des voix viriles de la totalité des électeurs appelés à voter, quel que puisse être le nombre des voix que les autres auront obtenues.

453. Mais s'il arrivait que quelqu'un desdits candidats ne parvint pas à obtenir un tiers des voix, il sera censé avoir perdu, par ce seul fait, le droit de continuer dans l'exercice de l'emploi; et il sera immédiatement remplacé par celui qui ayant obtenu, aux termes de l'art. 459, paragraphes 10 et 11, la majorité des voix curiales, comptera plus de voix viriles que tout autre candidat (1).

454. Seront candidats à l'emploi de membres de la section de statistique au congrès national, tous les citoyens compris dans les six premiers rangs de hiérarchie.

455. Seront candidats à l'emploi de membres des sections du commerce et de l'industrie au congrès, les citoyens qui réuniront à la condition mentionnée dans l'article précédent, celle d'appartenir à celui desdits états dont ils doivent représenter les intérêts (2).

---

(1) Man. du cit., § 243. — Droit publ., I, p. 387. — Proj. de l. organ., § 252.

(2) Man. du cit., §§ 223-26. — Proj. de l. organ., art. 207. — Proj. de réf., art. 263-65.

456. Les conditions spéciales de candidature pour les emplois mentionnés aux art. 436, 437 et 438, sont les mêmes qu'on y exige pour les électeurs, et, en outre, celles exigées aux art. 248 à 252 pour être membre des jurys respectifs (1).

457. Vers la fin de chaque année, et à l'époque fixée par la loi, les gouverneurs des lieux où les diverses assemblées électorales doivent se réunir, feront dresser une liste des citoyens ayant droit à voter dans les élections qui doivent s'y ouvrir dès le commencement de l'année suivante, aux termes de l'art. 434.

458. La liste mentionnée à l'article précédent sera divisée en sept colonnes, dont la première contiendra les noms des électeurs rangés par ordre alphabétique ; les six autres en blanc, ayant chacune en haut une rubrique, ainsi qu'il suit : *supérieurs, moyens, inférieurs, inadmissibles, douteux* et *inhibés*.

459. Le gouverneur fera remettre à chaque électeur deux exemplaires de la liste mentionnée aux articles précédens , marqués tous deux d'un même numéro, afin qu'il émette là-dessus son vote sur les membres qui doivent composer le bureau de l'assemblée électorale, en procédant conformément aux dispositions suivantes :

§ 1. L'électeur écrira, sur chacun des deux

____

(1) Manuel du cit. , § 228. — Proj. de l. organ., I, art. 207, 217, 218.

35**

exemplaires, le numéro dont ils sont marqués, en face de chaque nom, dans la colonne des *inhibés*, s'il croit ne pas pouvoir émettre une opinion à l'égard du candidat, ou parce qu'il lui est inconnu, ou à raison des rapports de parenté, d'amitié, d'intérêts ou de mésintelligence qui existent entre eux ; dans la colonne des *inadmissibles*, s'il ne croit pas le candidat apte à l'emploi ; dans la colonne des *douteux*, s'il n'est pas sûr que le candidat réunisse toutes les conditions requises par la loi ; et enfin dans la colonne des *supérieurs*, des *moyens* ou des *inférieurs*, selon l'opinion qu'il aura de la capacité de chaque candidat.

§ 2. L'électeur renverra au gouverneur, dans le terme fixé par la loi, un des deux exemplaires par lui signé, en gardant l'autre pour les usages dont il sera parlé ci-après. L'électeur devra en outre exiger du gouverneur une reconnaissance de la réception de la liste dûment votée, soit qu'il la lui ait remise en main, soit qu'il la lui ait fait parvenir par la voie ordinaire de la poste, ou par l'entremise d'une tierce personne.

§ 3. Le gouverneur, après avoir classé ces listes d'après les rangs de hiérarchie des électeurs, fera, séparément, le relevé des voix de chaque rang.

§ 4. Le relevé des voix mentionné au paragraphe précédent se fera en additionnant ensemble les voix que chaque candidat aura obtenues, comme *supérieur, moyen, inférieur, inadmissi-*

ble, *douteux* ou *inhibé*. Sur la liste résultant de cette opération, on indiquera les numéros de celles où l'on aura puisé pour obtenir ces différentes sommes.

§ 5. Un exemplaire de cette liste de dépouillement sera envoyé par le gouverneur à chacun des électeurs, afin qu'il puisse vérifier, en la confrontant avec celle qu'il doit avoir gardée, aux termes du paragraphe 2, si son vote s'y trouve exactement exprimé.

§ 6. Si quelque erreur avait été commise, l'électeur sera tenu de réclamer, sous peine d'être responsable de cette omission, conformément aux dispositions des lois; et le gouverneur devra faire prompte justice aux réclamations qui lui seront parvenues, au cas où cet incident ne retarde point la marche des élections : car s'il devait en résulter du retard, il renverra les parties par-devant les tribunaux compétens.

§ 7. Lorsque le gouverneur, en vue des réclamations, s'il y a lieu, aura rectifié en définitive les sommes résultantes de la liste de dépouillement, il passera à en faire l'appréciation, en admettant que chaque voix donnée à un candidat comme *moyen*, ait double valeur de celle qui lui aurait été donnée comme *inférieur*, et que de même celle qui l'aura désigné comme *supérieur*, soit censée valoir le double de ce qu'elle vaudrait en le désignant comme *moyen*. Le nombre des voix qui auront désigné un candidat comme *moyen*, devra

35.

donc être multiplié par deux ; celui qui l'aura désigné comme *supérieur*, devra être multiplié par quatre ; et ces deux produits devront être additionnés avec les voix qu'il aura obtenues comme *inférieur*.

§ 8. Pareille opération à celle prescrite dans le paragraphe précédent, sera faite à l'égard des votes contenus dans les trois autres colonnes, en admettant que chaque voix désignant un candidat comme *douteux* vaut le double de celle qui le désignerait comme simplement *inhibé ;* et que de même celle qui le désigne comme *inadmissible* vaut le double de celle qui le désignerait comme *douteux*. On multipliera donc par deux la totalité des voix que le candidat aura eues comme *douteux ;* par quatre, celles qu'il aura eues comme *inadmissible ;* et on additionnera ces deux produits avec les voix qui l'auront désigné comme *inhibé*. Cette somme sera retranchée de celle mentionnée au paragraphe précédent, et le résultat sera censé représenter l'estime dont le candidat jouit auprès de la généralité des électeurs du rang dont on a dépouillé le scrutin.

§ 9. On procèdera de même au dépouillement des scrutins des listes des autres rangs, qui, aux termes des art. 443 *et suiv.*, doivent avoir concouru, avec le premier, aux élections aux divers emplois du service public.

§ 10. Par suite des opérations ordonnées dans les paragraphes précédens, il y aura, pour chaque candidat, autant de voix curiales qu'il y aura eu de rangs différens d'électeurs appelés à voter : et dès qu'il aura obtenu la majorité absolue des voix curiales, ou, dans le cas mentionné à l'art. 452, un tiers de ces voix curiales en sa faveur, il sera porté sur la liste définitive des élus.

§ 11. Les noms des élus devront être rangés dans la liste définitive mentionnée au paragraphe précédent, d'après la somme des voix viriles qui, après la soustraction ordonnée dans le paragraphe 8, seront restées favorables au candidat dans l'ensemble des listes de tous les rangs appelés à voter dans l'élection.

§ 12. Si, après avoir compté les voix viriles, ainsi qu'il est prescrit dans le paragraphe précédent, il se trouve que plusieurs candidats aient eu un nombre égal de voix, on donnera la préférence à ceux qui compteront plus d'années de service ; et si encore à cet égard il y a égalité, on préférera les plus âgés.

§ 13. La loi réglémentaire des élections ayant déterminé le nombre de membres dont les bureaux des diverses assemblées électorales doivent être composés, le gouverneur respectif fera avertir, pour s'y rendre en cette qualité, ceux des électeurs qui occuperont les premières places dans la liste mentionnée au paragraphe 11. Tous les autres seront regardés comme destinés à servir de remplaçans, dans l'ordre même où ils se trouvent portés sur la liste.

§ 14. Le gouverneur, lorsqu'il enverra aux électeurs les deux exemplaires de la liste ci-dessus mentionnée pour servir à l'élection des membres du bureau de l'assemblée électorale, y joindra deux autres exemplaires d'une liste de tous les citoyens éligibles à l'emploi qui fait l'objet des élections : et tout ce qui vient d'être prescrit à l'égard des listes concernant les membres du bureau sera appliqué à celles qui doivent servir à l'élection des candidats à l'emploi.

§ 15. Le gouverneur, après avoir dressé pour les candidats à l'emploi la liste définitive analogue à celle des membres du bureau, mentionnée au paragraphe 11, les fera parvenir au président de l'assemblée électorale, accompagnées des listes originales des électeurs, afin que le bureau vérifie, en auditoire public, l'exactitude avec laquelle on aura procédé dans l'exécution de tout ce qui vient d'être prescrit dans les paragraphes précédens.

§ 16. Le bureau, après qu'il aura fait la vérification ordonnée dans le paragraphe précédent, expédiera, à chacun des élus, les diplomes nécessaires, conformément aux dispositions de la loi réglémentaire des élections (1).

§ 17. Lorsque l'objet des élections aura été

______

(1) Man. du cit., §§ 245-56. — Proj. de l. organ., I, art. 182-212 ; II, p. 230-65. — Proj. de réf., art. 417-53. — Syst. de mes. prélim., n° V.

de choix des jurés, le président du bureau fera jeter dans une urne les noms des élus résultant de la liste définitive, et les faisant tirer l'un après l'autre par un des secrétaires, un autre secrétaire les écrira à mesure qu'ils seront proclamés par le premier; et ce sera la liste résultant de cette opération qui servira à la nomination des jurés dans les cours de justice, aux termes des art. 270 et 271.

460. Toute élection qui n'aura pas été faite avec publicité et les autres formalités légales, sera nulle et comme non avenue.

461. Les gouverneurs, chargés par les articles précédens de dresser les listes, soit des électeurs, soit des candidats, devront répondre, par-devant le pouvoir judiciaire, s'ils comprenaient dans ces listes quelqu'un qui ne réunit pas les conditions légales, ou s'ils excluaient quelqu'un qui en serait doué.

462. Si des raisons d'utilité publique, ou les légitimes intérêts des parties, exigeaient que quelque personne fût ou dispensée ou exclue des listes électorales, ou qu'après y avoir été portée, elle fût dispensée, soit des fonctions d'électeur, soit de celles de l'emploi auquel elle viendrait à être élue, le ministère public, ainsi que les parties intéressées, devront requérir la convocation du jury compétent ; et ce ne sera qu'après sa décision que l'exclusion ou l'excuse pourra avoir lieu.

463. Si des infractions à ce qui est ordonné dans les articles précédens venaient à avoir lieu, les

autorités chargées de veiller au maintien des lois sont tenues d'appeler à la responsabilité, tant les gouverneurs que les exécuteurs de leurs ordres, et les citoyens mêmes qui, ayant été indûment portés sur les listes électorales, ou en ayant été illégalement exclus, n'auront pas réclamé contre ces actes du pouvoir.

464. Tout électeur dont le vote aura contribué à l'élection effective d'un citoyen à quelque emploi, sera censé s'être constitué garant de l'élu, tant pour ce qui concerne la probité de sa conduite dans l'exercice de ses fonctions, que les connaissances spéciales indispensables pour l'accomplissement des devoirs de la charge.

465. La responsabilité en garantie, mentionnée à l'article précédent, cessera d'avoir lieu si l'électeur peut prouver que le candidat jouissait d'une réputation intacte quant à sa probité et à la solidité de son crédit, et qu'il était fondé à lui croire les connaissances nécessaires pour se bien acquitter de ses fonctions.

466. La distribution des récompenses aux personnes qui s'en seront rendues dignes, se fera d'après ce qui a été prescrit dans les art. 111 *et suivans*, conformément aux dispositions suivantes :

§ 1. Seront candidats au grade de chevaliers de la Légion-d'Honneur de la première classe et du premier degré, les citoyens appartenant au douzième rang de la hiérarchie civile ; et aux deuxième et troisième degrés, ceux du onzième rang de hiérarchie.

§ 2. Seront candidats au premier degré de la deuxième classe, les citoyens du dixième rang; au deuxième degré, ceux du neuvième rang; et au troisième degré, ceux du huitième rang.

§ 3. Seront candidats à la troisième classe de chevaliers, les citoyens du septième rang de hiérarchie.

§ 4. Seront candidats à la première classe de commandeurs, les citoyens du sixième rang; à la deuxième classe, ceux du cinquième rang; et à la troisième classe, ceux du quatrième rang.

§ 5. Seront candidats à la première classe de dignitaires, les citoyens du troisième rang de hiérarchie; à la deuxième classe, ceux du second rang; et à la troisième, ceux du premier rang.

§ 6. Toute personne qui croira avoir droit à être promue du douzième au onzième rang de la hiérarchie civile, ou au grade de chevalier de la Légion - d'Honneur de la première ou de la deuxième classe, en adressera la demande, accompagnée des pièces à l'appui, au président du tribunal du district de sa résidence.

§ 7. Le président qui, aux termes du paragraphe précédent, aura reçu la requête y mentionnée, la transmettra au procureur de la justice du lieu, afin qu'il se procure les renseignemens nécessaires pour pouvoir ou l'appuyer ou la contester par-devant le jury qui doit s'assembler à cet effet à l'époque fixée par la loi.

§ 8. Le jury mentionné au paragraphe précédent, sera général ou spécial, selon la nature des motifs sur lesquels la partie aura appuyé la demande ; et ce sera d'après la décision de ce jury que les prétendans seront admis dans la liste des candidats aux récompenses, ou qu'ils pourront en être exclus.

§ 9. La liste dont il est parlé au paragraphe précédent, sera dressée en assemblée générale de tous les jurés qui auront voté l'admission des prétendans appartenant à une même des douze classes des trois états spécifiées à l'art. 90. L'assemblée procèdera dans la votation, conformément à ce qui a été ordonné ci-dessus, dans les art. 458 *et suiv.;* mais les listes ne devront contenir que les trois rubriques de *supérieurs, moyens* et *inférieurs,* tant pour les chevaliers que pour les commandeurs et les dignitaires.

§ 10. Le président du tribunal fera parvenir au maire du district les listes définitives qui auront été dressées par les jurys, aux termes du paragraphe précédent, afin qu'il puisse faire distribuer, d'après les dispositions de l'art. 459, deux exemplaires de ces listes aux citoyens appelés à émettre leurs voix sur les droits des prétendans à la munificence nationale.

§ 11. Seront appelés à voter sur les listes mentionnées au paragraphe précédent, tous les citoyens compris dans les premiers dix rangs de hiérarchie, résidant dans le même district, et appartenant à celle des douze classes mentionnées à l'art. 90, à laquelle appartient le prétendant.

§ 12. Si le prétendant appartient au huitième ou au neuvième rang de la hiérachie civile, les légitimations ordonnées dans les paragraphes 6 et *suiv.*, devront se faire par-devant le tribunal supérieur de l'arrondissement.

§ 13. S'il appartient au sixième ou au septième rang, les légitimations devront se faire par-devant le tribunal supérieur du département.

§ 14. Elles devront se faire par-devant le tribunal supérieur de la province, si le citoyen appartient au quatrième ou au cinquième rang.

§ 15. S'il appartient à l'un des trois premiers rangs de hiérarchie, les légitimations auront lieu par-devant le tribunal suprême de l'état.

§ 16. Dans les cas dont il est parlé aux paragraphes 12, 13 et 14, seront appelés à voter tous les citoyens qui, appartenant à la même classe que le candidat, et résidant dans la division territoriale mentionnée dans chacun desdits paragraphes, sont compris dans le même rang de hiérarchie que le candidat, dans le rang immédiatement supérieur ou dans celui immédiatement inférieur.

§ 17. Si le candidat appartient à l'un des trois premiers rangs de hiérarchie, seront appelés à voter tous les citoyens actifs compris dans les six premiers rangs, sans distinction de profession ou de lieu de résidence.

§ 18. La loi créera des titres analogues à ceux

de chevaliers, commandeurs et dignitaires, pour les personnes de l'autre sexe qui, ayant des droits à des rémunérations nationales, devront être incorporées dans la Légion-d'Honneur.

§ 19. La loi fixera aussi des pensions correspondant à chacun des grades de la Légion-d'Honneur, mentionnés aux paragraphes précédens, pour être concédées aux citoyens qui n'auront pas d'ailleurs un revenu équivalent. On se conformera, dans cette appréciation, à ce qui a été ordonné dans l'art. 106, à l'égard des dotations.

§ 20. Si le gouvernement suprême, ou celui de quelqu'une des divisions territoriales, jugeait convenable de proposer quelque citoyen qu'il crût digne de la munificence nationale, il chargera le ministère public de faire, au nom de la justice, les démarches ci-dessus prescrites aux citoyens qui voudront solliciter dans leurs intérêts privés.

TITRE NEUVIÈME.

Des infractions aux dispositions des titres précédens et de leur punition.

467. Tout fonctionnaire coupable d'infraction aux dispositions des articles précédens, encourra la peine de suspension de ses fonctions, à moins que, dans l'ordre ou arrêté de condamnation, il ne lui soit expressément infligé la seule peine d'une amende pécuniaire.

468. Si l'arrêt de condamnation déclare le fonctionnaire coupable de délit, il encourra, outre la suspension de ses fonctions, l'interdiction de ses droits civils, aux termes des art. 139 et 140, pendant la durée de la reclusion, ou sinon, pendant le temps qui sera déterminé dans le texte même de l'arrêt.

469. Pendant la suspension du fonctionnaire, son nom ne pourra être porté sur la liste des candidats à aucun emploi public, à moins que le contraire ne soit expressément déclaré dans l'arrêt de condamnation.

470. La condamnation pour crime ou délit entraîne l'entière inhibition des droits civils et politiques, sauf les exceptions mentionnées aux art. 43 et 46.

471. L'infliction d'une amende sera toujours censée être l'équivalent d'un tiers du revenu du condamné, pendant le temps déclaré dans l'arrêt.

472. L'amende infligée aux coupables ne portera jamais sur les rentes de leurs femmes et enfans, aux termes des art. 109 *et suiv.*, ni sur les valeurs qui servent de nantissement à leurs créanciers.

473. Si, l'amende étant destinée à la réparation des dommages et intérêts due aux tiers par le coupable, celui-ci manquait des moyens suffisans à la réparation ordonnée par l'arrêt judiciaire, le trésor public en répondra aux parties intéressées, sauf à se rembourser sur les gains ultérieurs du condamné.

474. Le maximum de la durée des peines pour des contraventions, sera de trois ans ; pour les délits, il sera de quatorze ans.

475. Lorsque l'infraction commise par le fonctionnaire aura porté une atteinte effective, soit aux intérêts généraux de l'état, soit à la propriété, à la liberté, à la sûreté, ou au libre exercice des droits politiques de quelque citoyen, le jury le déclarera coupable de *délit*, aux termes du paragraphe 5 de l'art. 39, et lui appliquera les peines qui y sont déterminées.

476. Si le jury reconnaissait, d'après les circonstances dont le fait est revêtu, que le délit a été commis, par le fonctionnaire, de propos délibéré, et connaissant qu'il portait atteinte aux

droits du citoyen ou aux intérêts de l'état, il lui appliquera, aux termes du paragraphe 6 dudit art. 39, les peines décernées aux *crimes* dans le paragraphe 3 du même article.

477. Mais si le fonctionnaire n'a fait qu'enfreindre quelqu'une des garanties établies par la loi, sans qu'il en soit résulté autrement de préjudice, ni pour les particuliers, ni pour l'état, l'infraction sera qualifiée de *contravention* et punie ainsi qu'il est ordonné dans le paragraphe 4 du même art. 39.

478. Toutes les personnes, soit fonctionnaires publics, soit individus particuliers, qui usurperont quelqu'un des pouvoirs politiques de l'état, en exerçant des attributions qui ne leur appartiennent pas, ou en occupant des emplois pour lesquels il leur manquerait les conditions légales, seront poursuivies comme coupables de crime ou de délit, aux termes des articles précédens.

479. Les particuliers qui n'auraient pas opposé aux injonctions injustes ou illégales des autorités la résistance légale ordonnée par l'art. 14, seront poursuivis comme coupables de *contravention*, et punis conformément aux dispositions du paragraphe 4 de l'art. 39.

480. Tout fonctionnaire public qui, étant chargé d'exécuter un ordre injuste ou illégal, ne lui aura pas opposé la résistance légale ordonnée dans l'art. 14, ou ne se sera pas conformé à ce qui est prescrit dans les art. 395 *et suiv.*, sera passible des

peines marquées dans l'art. 39, selon que sa complicité aura été qualifiée par le jury de contravention, délit ou crime.

481. La compétence des tribunaux qui pourront être saisis des plaintes portées contre les fonctionnaires publics pour des infractions aux dispositions des titres précédens, sera réglée ainsi qu'il suit :

§ 1. Appartiendront aux tribunaux du premier ressort, les causes où la durée de la peine requise par la partie civile ou par le ministère public n'ira pas au-delà d'un an. Toutes les autres peines pour *contravention* ne pourront être prononcées que par un jury du deuxième ressort.

§ 2. Appartiendront au troisième ressort, les causes où la durée de la peine requise n'ira pas au-delà de sept ans. Toutes les autres plaintes pour *délit* seront de la compétence des jurys du quatrième ressort.

§ 3. Toutes les plaintes pour crimes, seront de la compétence des tribunaux du cinquième ressort.

482. La prescription en matière criminelle n'exempte pas le prévenu de répondre par-devant le juge compétent, mais seulement de subir la peine que celui-ci pourra lui avoir infligée pour contravention ou délit, aux termes suivans :

§ 1. Si, après condamnation, on trouve que le temps écoulé depuis que l'infraction a été com-

se est, pour le moins, le triple de ce que devra
rer la peine infligée, le jury en déclarera, à
causes, le coupable acquitté.

§ 2. Pour les crimes, il n'y aura jamais de
mission de peine qu'aux termes de l'art. 46.

§ 3. Quant à la réparation de dommages et
intérêts à la partie civile, il n'y a pas de prescription.

NOTE AU TITRE NEUVIÈME.

Après avoir établi, dans les neuvième et dix-
huitième entretiens du *Manuel du citoyen*, les
principes de notre théorie des délits et des peines,
nous en avons conclu que le système sur lequel
sont basés les codes criminels des nations même
les plus civilisées, est essentiellement erroné, et
que, par conséquent, il devenait urgent de songer
à y introduire une réforme radicale.

Nous nous sommes abstenu d'indiquer comment
nous entendons que cette réforme devra s'opérer,
nous réservant d'en donner un exemple pratique,
en ajoutant à notre *Projet de code constitutif*
ce neuvième titre qui, devant être considéré
comme le code pénal des dispositions contenues
dans les huit titres précédens, peut être regardé
en même temps comme un essai de la réforme dont
nous venons de parler.

Pour les hommes du métier, il suffira de comparer cet essai avec les codes pénaux des diverses nations, pour saisir le plan de la réforme que nous proposons ici. Mais comme nous écrivons pour la jeunesse, il faut lui faciliter les moyens de porter elle-même un jugement à cet égard; c'est là l'objet de cette note.

Le premier reproche que l'on peut faire aux législateurs, c'est qu'ils ont ravalé le droit pénal à la catégorie d'une jurisprudence purement casuistique; car leurs codes ne sont que des recueils de cas disposés par ordre de matières.

On a, dans quelques pays, fait faire un pas à la science, en ce que l'on a partagé toutes les infractions dans les trois classes de *contraventions, délits* et *crimes*. Mais leurs codes n'en restèrent pas moins de simples registres de cas arbitrairement imaginés; et si on demande à ces législateurs d'après quels principes on doit reconnaître ce qui est contravention, délit ou crime, ils répondent que c'est selon l'espèce de peine qu'il leur a plu d'assigner à chaque sorte d'infraction : et si on leur demande ensuite d'après quel principe ils ont appliqué ces peines, ils répondent que c'est selon que l'infraction leur a paru être une contravention, un délit ou un crime. C'est baser la science sur ce que l'on appelle dans les écoles un *cercle vicieux* ou une *pétition de principe*. Cette amélioration de forme est donc restée sans utilité par rapport au but dans lequel on l'avait introduite, c'est-à-dire de faciliter au jury l'application des dispositions pénales de la loi aux divers cas sur lesquels il aura à prononcer.

Mais c'est précisément dans ce but avoué des codes que réside leur principal défaut. Leurs auteurs, après avoir groupé dans chaque article un certain nombre de circonstances qui peuvent concourir dans une certaine sorte d'infractions, le vol ou la banqueroute, par exemple, ordonnent aux juges d'infliger, dans le premier cas, la peine de mort ; dans l'autre, les travaux forcés à temps, dès que la réunion des circonstances prévues par la loi aura été prouvée.

Certes, la réunion de ces circonstances peut à elle seule faire naître quelquefois dans l'esprit des jurés une présomption plus ou moins forte de culpabilité de la part du prévenu. Mais aussi, dans bien des cas, cette présomption même ne saurait avoir lieu. C'est ce qui arrive toutes les fois que les circonstances énumérées dans la loi, ne font pas, à elles seules, présumer une intention coupable, comme, par exemple, lorsqu'il s'agit d'opinions politiques, morales, religieuses, etc. Or, par cela seul que les circonstances marquées dans la loi ne peuvent, tout au plus, qu'inspirer aux jurés une présomption de culpabilité à la charge du prévenu, ils ne sauraient le condamner sur cette première impression. Le juré ne doit prononcer que d'après son intime conviction.

La culpabilité, étant essentiellement individuelle,

ne peut être prouvée que par l'ensemble des faits individuels. C'est de cet ensemble que ressortent la nature et la gravité du délit. Il ne suffit donc pas au jury que la réunion des circonstances marquées par la loi soit prouvée, pour qu'il ait la conviction qu'il y a eu culpabilité de la part du prévenu, et moins encore pour qu'il puisse en déterminer le degré, et appliquer en conséquence, sans se rendre complice d'une tyrannie légale, telles qualité et quantité déterminées de peine, puisque l'une et l'autre doivent varier selon la nature et la gravité de l'infraction.

Ainsi lorsque le législateur enjoint au jury de condamner les prévenus, du moment où ils seront convaincus d'avoir commis le fait décrit dans tel ou tel article du code pénal, son commandement est absurde; car le jury, comme nous venons de le dire, ne saurait obéir qu'à sa propre conviction : et celle-ci doit ressortir de l'ensemble des circonstances du fait individuel dont il est saisi, et non pas seulement de celles qu'il a plu au législateur d'énumérer dans son code.

Mais lorsque ce même législateur prescrit au jury d'appliquer telle ou telle peine à la réunion des circonstances par lui indiquées, il commet un acte non-seulement absurde, mais inique : absurde, parce que la peine ne doit pas se rapporter uniquement aux circonstances générales prévues par le législateur, ainsi que nous l'avons démontré ci-dessus, mais encore à celles qui, étant particulières à chaque fait, ne pouvaient pas être prévues par lui. Nous ajoutons que ce mode de décerner des peines est inique, parce qu'un même fait revêtu de toutes les circonstances générales indiquées dans le code pénal peut être un crime atroce, ou n'être qu'une simple contravention, selon les circonstances particulières dont ce même fait aura été accompagné : cependant, d'après le code, la peine ne devra jamais être au-dessous ni au-dessus des limites qui y sont expressément déterminées.

De toutes ces observations il résulte que l'on doit effacer des codes criminels, comme autant de non-sens juridiques, tous ces articles dans lesquels, après avoir supposé une certaine infraction, on ordonne de lui infliger une certaine peine.

Mais on nous demandera, peut-être, à quoi le code pénal restera réduit lorsqu'on en aura éliminé tous ces articles.

Le neuvième titre de notre projet répond à cette question.

En effet, si le lecteur rapproche de ce titre les dispositions pénales contenues dans les art. 39 à 46 du deuxième titre, il remarquera que nous avons commencé par déterminer, dans lesdits art. 39 à 46, toutes les diverses peines qu'il doit être loisible aux jurés d'infliger dans les différens cas.

Puis nous avons établi les trois classes d'infractions, savoir : les contraventions, les délits et les crimes, en évitant de tomber dans les défauts que nous avons reprochés à cet égard aux criminalistes qui nous ont devancé.

Après ces préliminaires, nous avons posé dans ce titre neuvième les principes généraux d'après lesquels les jurés devront appliquer lesdites peines selon le degré de culpabilité qu'ils auront reconnu dans le prévenu. Ensuite, parcourant l'une après l'autre toutes les dispositions contenues dans les huit titres précédens, nous avons signalé toutes celles dont les infractions ne sauraient, par leur simple nature, acquérir la gravité de délit, en laissant aux jurés le soin de qualifier toutes les autres, et de leur appliquer celles des peines énumérées dans l'art. 39, qui sembleront le mieux adaptées aux cas occurrens, et en les proportionnant au degré de culpabilité dont l'accusé aura été convaincu.

Voilà tout ce qui, selon nous, peut être l'objet d'un code pénal : et ce que nous avons fait dans ce titre neuvième, par rapport aux huit titres qui forment notre projet de constitution politique, montre ce qui, à notre avis, doit être fait dans les codes pénaux, par rapport à la législation civile et administrative du pays.

Nous ne saurions cependant passer sous silence une objection qui pourrait ébranler quelques-uns de nos lecteurs, savoir, qu'en ôtant du code pénal les articles qui prescrivent les peines à infliger à chaque sorte d'infraction, nous livrons entièrement les parties à la discrétion des jurés.

Nous avons démontré ci-dessus que le jury ne peut voir dans les circonstances énumérées dans le code pour chaque sorte d'infraction, qu'une présomption de culpabilité à la charge du prévenu ; mais qu'il ne saurait condamner celui-ci d'après cette seule présomption, et sans avoir pris aussi en considération les circonstances particulières au cas sur lequel il a à prononcer.

Ainsi, pour ce qui regarde la détermination de chaque sorte d'infraction, le code ne borne en aucune façon le libre arbitre du jury.

Quant aux peines ordonnées par le législateur, nous avons aussi démontré que loin de pouvoir servir de règle au jury, elles ne sont que des absurdités juridiques, puisqu'elles se rapportent au fait matériel décrit dans l'article, tandis qu'en leur qualité de peines, elles doivent être proportionnées au degré de culpabilité du prévenu ; culpabilité qui, devant varier selon les cas, ne saurait être prévue par la loi, et que le jury seul est en état d'apprécier, d'après l'ensemble des circonstances individuelles du fait dont il se trouve saisi. Le code pénal a donc beau marquer une peine pour telle ou telle sorte d'infraction, il dépendra toujours entièrement du libre arbitre du jury de déterminer et la qualité et la quantité de la peine, qui doit être infligée selon la nature et la gravité de l'infraction.

Après avoir démontré la nécessité de réformer,

au fond, nos codes pénaux, nous avons dû exa-
miner s'il ne fallait pas modifier aussi les principes sur lesquels repose actuellement la jurisprudence de la prescription, ainsi que celle des ressorts
en matière criminelle.

Quant à la détermination des ressorts judiciaires,
nous avons reconnu que le principe généralement
reçu n'avait besoin que d'être différemment exprimé. En effet, dans la procédure actuelle, les
juges déterminent le ressort de la cause d'après
la nature du délit ou celle de la peine, aux termes
de la loi; mais, comme la loi invoquée en ce cas
par les juges n'est que celle applicable au délit
dénoncé par la partie plaignante ou le ministère
public, il est évident que celui qui, à son choix,
dénonce tel délit plutôt que tel autre, détermine
d'après quelle loi le fait doit être qualifié, et, par
conséquent, c'est la partie plaignante et le ministère public qui, en qualifiant le fait, et en désignant la peine qui lui correspond, posent le principe
d'après lequel le juge doit déterminer le ressort
de la cause.

Ce système est le seul que l'on puisse adopter;
mais au lieu de dire que le ressort sera déterminé
par la loi, d'après la nature du crime et celle de la
peine qui y est attachée, nous disons, en remon-
tant à la source, que le ressort sera déterminé
d'après la peine requise contre le prévenu; puisque nous avons démontré que les articles du code
pénal, fixant de certaines peines pour de certains

délits ou crimes, ne sont que des non-sens juridiques.

Quant à la prescription en matière criminelle, dès que nous posons en principe que le jury, en qualifiant de *crime* le fait dénoncé, déclare le coupable convaincu d'un degré de perversité qui ne laisse guère d'espoir d'amendement, il serait contradictoire d'admettre de prescription en fait de *crimes*. Et quant aux *délits* et *contraventions*, comme notre système repousse toutes *fictions*, inclusivement celles que les jurisconsultes ont voulu déguiser sous le beau titre de *présomptions légales*, du moment où nous faisons aux jurés un devoir de ne rien décider que d'après leur conviction basée sur *l'ensemble des circonstances du fait individuel* porté par-devant eux, nous ne pourrions admettre, sans contradiction, qu'il soit loisible au jury de prononcer que la société peut recevoir dans son sein, sans inquiétude, le prévenu, parce qu'il a plu au ministère public de ne l'accuser que d'un simple délit ou d'une contravention, et parce qu'il a su se soustraire pendant un certain temps à l'action de la justice. Non, il faut que le jury s'assure si en effet le prévenu n'est coupable que d'une contravention ou d'un simple délit; il faut qu'il acquière, par l'ensemble des faits, la conviction que cette contravention ou ce délit ont été assez légers pour qu'il lui soit permis de croire que le laps de temps marqué dans la loi a *réellement* opéré dans le coupable un changement rassurant, et a effacé même chez ceux qui seraient enclins à de pareils méfaits l'impression produite par ce mauvais exemple. Alors, et seulement alors, il doit être loisible au jury d'accorder au prévenu la faveur de la prescription. Tout autre système ne saurait être qu'une prime d'impunité. D'où il suit qu'en matière criminelle, il ne saurait y avoir de prescription pour l'action, mais seulement pour l'application de la peine, et encore seulement au cas où le jury aura reconnu que le laps de temps, eu égard aux circonstances atténuantes du délit, doit avoir opéré le double effet de la *répression* du délit et de la *correction* du délinquant, qui constituent tout ce que l'on est en droit de se proposer en infligeant une peine.

APPENDICE.

DES MODIFICATIONS A FAIRE A CE PROJET POUR
L'ADAPTER AUX MONARCHIES FONDÉES SUR LE
PRIVILÉGE DE LA PERPÉTUITÉ DE LA DYNASTIE
OU DU MONARQUE.

TITRE DEUXIÈME.

*De l'exercice et de la garantie des droits civils
et politiques.*

CHAPITRE II.

De l'exercice des droits politiques.

ART. 76.

Aucun des droits politiques ne pourra être
exercé que par les personnes à cet effet habilitées
par la voie d'élections annuelles, conformément
aux dispositions des lois.

Cet article doit être remplacé par ceux-ci :

A. Aucun des pouvoirs politiques, excepté
ceux délégués à perpétuité au monarque, ne
pourra être exercé que par les personnes à cet effet
habilitées par la voie d'élections annuelles, conformément aux dispositions des lois.

B. La délégation des pouvoirs faite à perpétuité

36.

à la personne du monarque, sera censée être faite
à sa dynastie, la succession devant avoir lieu de
père en fils, selon l'ordre de la primogéniture et
des branches de la famille du monarque.

ART. 78.

Tous les agens des divers pouvoirs politiques
seront responsables non-seulement de leurs actes
individuels, mais encore de ceux qui, étant soumis à leur contrôle, peuvent les rendre suspects
de connivence.

Cet article doit être remplacé par ceux-ci :

A. Tous les agens des divers pouvoirs politiques, le seul monarque excepté, seront responsables par-devant les autorités à cet effet désignées
par la loi, non-seulement des actes par eux pratiqués dans l'exercice de leurs fonctions, mais encore
de ceux qui, étant soumis à leur contrôle, peuvent
les rendre suspects de connivence.

B. Les actes du monarque qui seront en dehors de ses attributions, ou exercés autrement
qu'au moyen d'ordonnances par lui signées et
contre-signées par des ministres qui en subissent
la responsabilité, aux termes de l'article précédent, seront regardés comme des actes privés soumis aux dispositions de la loi commune.

———

TITRE QUATRIÈME.

De l'exercice du pouvoir législatif.

CHAPITRE II.

De la composition et des attributions du congrès national.

ART. 166.

Les représentans des trois états, du commerce, de l'industrie et du service public, formeront autant de sections au congrès national.

La troisième de ces sections sera dénommée *de la statistique.*

Cet article doit être remplacé par les cinq suivans :

A. Le congrès national sera composé de deux chambres, l'une portant le nom de sénat, l'autre celui de tribunat.

B. Le sénat sera composé d'autant de membres qu'il y aura de départemens, aux termes de l'art. 1er; chaque département devant élire un député à cette chambre pour y être le représentant spécial de ses intérêts.

C. Le tribunat se composera d'un nombre de membres triple de celui du sénat; chaque département devant y envoyer un député pour chacun des trois états : commerce, industrie, service public.

D. Le sénat sera partagé en autant de sections qu'il y aura de provinces.

E. Le tribunat sera partagé en trois sections spécialement chargées de soutenir les trois sortes d'intérêts mentionnés à l'article *C*, et distinguées par les noms de sections du commerce, de l'industrie et de la statistique (1).

ART. 168.

Les séances du congrès auront lieu tous les jours de l'année, sauf au même congrès de les proroger, sous sa responsabilité, pour un temps déterminé ou indéterminé, chaque fois qu'il le croira convenable.

Il faut ajouter ce qui suit :

L'ajournement du congrès ne sera décidé qu'en assemblée générale des deux chambres et à la majorité de deux tiers des voix de la totalité de leurs membres (2).

Tout ce qui est ordonné dans ce chapitre à l'égard du congrès, devra être appliqué à chacune des deux chambres.

---

(1) Man. du cit., §§ 270-79, 522. — Droit publ., I, p. 52 à 85 ; 421 à 431. — Proj. de l. organ., I, p. 4, art. 13-44 ; p. 156, art. 163, § 2, §§ 164-69, 267-78 ; II, p. 53, 215 à 250, 264 à 271. — Proj. de réf., art. 143-45.

(2) Man. du cit., §§ 280-81. — Proj. de réf., art. 151-52.

ART. 197.

Le secrétaire d'état fera parvenir, dans le terme légal, au président du congrès, rangées dans l'ordre qui aura été adopté au conseil d'état, les propositions dont il est parlé aux articles précédens, afin que le congrès, prenant le tout en considération, fixe l'ordre du jour des matières qui doivent faire l'objet des travaux ordinaires de la session.

Cet article doit être remplacé par les trois suivans :

A. Le secrétaire d'état fera parvenir, dans le terme légal, au président de chacune des deux chambres, rangées dans l'ordre qui aura été adopté au conseil d'état, les propositions dont il a été parlé à l'article précédent.

B. Si les deux chambres s'accordaient à rejeter l'ordre des matières proposé par le conseil d'état, on adoptera celui qui obtiendra la majorité des voix des deux chambres réunies.

C. S'il y avait des voix pareilles, aucun projet d'ordre n'obtenant la majorité des voix, le monarque décidera entre les deux projets qui auront obtenu un plus grand nombre de voix.

Après l'article 198, *on ajoutera celui-ci :*

Les propositions qui feront l'objet des délibérations du congrès, seront discutées dans chaque chambre, successivement et indépendamment de l'autre chambre.

Dans tout le reste de ce chapitre 11, ce qui est prescrit par rapport au congrès doit être appliqué à chacune des deux chambres.

ART. 213.

Le projet ou contre-projet qui aura obtenu la majorité légale des voix au congrès national, sera proclamé loi de l'état, et on en dressera deux autographes signés par le président et les secrétaires du congrès.

Cet article doit être remplacé par les douze suivans :

A. Les projets qui auront obtenu la moitié des voix viriles dans l'une des deux chambres seront débattus dans l'autre chambre concurremment avec ceux qui, dans celle-ci, auront de même obtenu la moitié des voix viriles.

B. Le projet qui, après cette discussion, aura obtenu dans chaque chambre la majorité des voix curiales, sera présenté au monarque en conseil d'état, par une commission élue dans le sein de la même chambre et composée d'un membre de chaque section.

C. La présentation de chaque projet, aux termes de l'article précédent, sera toujours accompagnée d'une déclaration de la chambre au sujet de l'époque à laquelle la promulgation de la loi présentée devra avoir lieu.

D. La présentation mentionnée aux articles

précédens sera faite par les commissions des deux chambres à la fois le jour désigné par le monarque, et les débats commenceront ce même jour au conseil, avec les formalités prescrites dans les art. 208 *et suiv.* pour la commission centrale.

E. Après que la votation aura eu lieu, le monarque, prenant l'affaire en considération, décidera en conseil des ministres selon qu'il le croira convenable : et il en fera donner communication aux deux chambres par l'entremise du secrétaire d'état.

F. Si le monarque n'approuvait le projet d'aucune des deux chambres, le secrétaire d'état en fera part dans le terme dont il est parlé à l'art. *C*, avec l'exposé des motifs qui auront été développés pour le rejet par les conseillers de la couronne.

G. Aucun projet rejeté par le monarque ne pourra être censé loi de l'état, ni remis en discussion dans aucune des chambres, à moins que les deux tiers des voix viriles né s'accordent sur la nécessité de l'admettre de nouveau à la discussion.

H. Il sera en outre loisible de délibérer si la matière du projet rejeté par le monarque est de nature à exiger qu'il soit pris une décision législative : et si les deux tiers des voix viriles des deux chambres réunies étaient pour l'affirmative, le congrès procédera à une nouvelle discussion sur l'objet, au fond, avec toutes les formalités prescrites dans les art. 200 *et suiv.*, et le projet qui aura obtenu, en définitive, la majorité des voix curiales, sera présenté au monarque en conseil d'état, ainsi qu'il a été ordonné dans les articles *B*, *C*, *D*, *E*.

I. S'il arrivait qu'ensuite de cette présentation, le secrétaire d'état annonçât au congrès que le monarque refuse encore son consentement à ce nouveau projet, ou qu'il ne fît aucune communication dans le terme qui aura été désigné par le congrès, ainsi qu'il est dit à l'article *C*, le congrès déclarera tout le ministère interdit dans l'exercice de ses fonctions; et il sera immédiatement remplacé, d'après ce qui est ordonné pour de pareils cas, où il est traité de la responsabilité des ministres.

K. Le projet qui aura réuni l'accord du monarque avec l'une ou toutes les deux chambres, sera promulgué loi de l'état.

L. La promulgation des lois, mentionnée à l'article précédent, se fera en observant les formalités suivantes :

§ 1. Du projet approuvé par le monarque seront dressés deux autographes, tous les deux signés par lui et par les présidens des deux chambres, si la majorité des voix a été pour l'affirmative en toutes les deux, ou par celui de la chambre qui l'aura approuvé. Il devra être, en outre, contre-signé, tant par le secrétaire d'état que par les secrétaires des chambres du congrès à la suite des présidens respectifs.

§ 2. Des deux autographes mentionnés au paragraphe précédent, l'un sera déposé aux archives générales du congrès, l'autre aux archives générales de l'état.

§ 3. Le secrétaire d'état transmettra à chacun des autres ministres d'état une copie de la loi, signée par le monarque et contre-signée par lui.

M. Les ministres d'état, et, après eux, les autres chefs des divers départemens du service public, suivant l'ordre de leur hiérarchie, transmettront un exemplaire de la loi à chacun de leurs subalternes immédiats, par eux signé, et contre-signé par le substitut respectif, jusqu'à ceux qui sont chargés de la publication des lois, en les faisant afficher dans les lieux d'usage (1).

____

(1) **Man. du cit.**, §§ 3o3-o6, 33o, 33r. — Droit publ., I, p. 14r, 233. — Proj. de l. organ., I, p. 12, art. 55-62 ; p. 194, art. 328-37 ; II, p. 39-43, 31o-13. — Proj. de réf., art. 172-78, 554-59.

CHAPITRE IV.

De la composition et des fonctions des assemblées territoriales.

ARTICLE 217.

L'assemblée générale de chaque province sera composée des députés qui auront été élus pour représenter la province au congrès national.

ART. 218.

Chacune des assemblées provinciales sera partagée en trois sections, ainsi qu'il a été prescrit relativement au congrès national.

ART. 220.

Les assemblées de département seront composées des députés qui représentent les intérêts de ce même département au congrès national, et des sous-préfets respectifs.

Ces trois articles doivent être remplacés par les suivans :

A. L'assemblée générale de chacune des provinces sera composée des sénateurs et des tribuns élus pour la même province au congrès national.

B. Chaque assemblée sera divisée en trois sections, ainsi qu'il a été dit à l'égard du tribunat. Les sénateurs y feront partie de la section de statistique.

C. Les assemblées de département seront composées, ainsi que celles des provinces, des sénateurs et des tribuns élus pour représenter le même département au congrès national.

Tout le reste de ce chapitre doit rester conforme au Projet général.

TITRE SIXIÈME.

De l'exercice du pouvoir exécutif.

CHAPITRE IV.

Dispositions générales.

ARTICLE 383.

Tous les membres du gouvernement, outre la responsabilité qui leur est commune avec tous les agens du pouvoir, aux termes de l'art. 78, seront solidairement responsables des actes pratiqués par chacun d'eux dans l'exercice de ses fonctions.

Cet article doit être remplacé par le suivant :

Les ministres et sous-ministres d'état, outre la responsabilité qui leur est commune avec tous les agens du pouvoir, aux termes de l'art. 78, seront solidairement responsables des actes pratiqués par chacun d'eux dans l'exercice de ses fonctions (1).

---

(1) Man. du cit., §§ 479, 401-96. — Droit publ., I, p. 121, 132, 135, 137-45, 217 ; II, p. 256. — Proj. de l. organ., I, p. 16, art. 75, 103-05 ; p. 217, art. 379-834, 397-404, 634-42 ; II, p. 50, 57. — Proj. de réf., art. 189, 201, 614-18.

ART. 384.

Pendant l'inhibition dont le gouvernement serait frappé, si un de ses membres était appelé à répondre, aux termes de l'article précédent, le régent entrera de plein droit dans l'exercice de la régence.

Cet article doit être remplacé par le suivant :

Pendant l'inhibition dont un des ministres ou sous-ministres serait frappé, s'il était appelé à répondre, aux termes de l'article précédent, **tous les** autres ministres et sous-ministres d'état seront aussi inhibés de l'exercice de leurs fonctions, jusqu'à ce que le pouvoir judiciaire les déclare absous de la présomption légale de complicité, aux termes de l'art. 80,

ART. 385.

La disposition de l'article précédent aura lieu toutes les fois que le ministère se trouvant incomplet, le monarque se sera abstenu de nommer des remplaçans aux ministres ou sous-ministres congédiés ou suspendus de leurs fonctions.

Cet article doit être remplacé par le suivant :

L'inhibition des ministres et sous-ministres d'état aura lieu toutes les fois que, le ministère se trouvant incomplet, le monarque se sera abstenu de le compléter en nommant un remplaçant au ministre ou sous-ministre dont le poste sera vacant dans l'intervalle.

ART. 386.

Le cas prévu dans l'article précédent venant à échoir, le monarque sera censé avoir abdiqué, et on procédera à l'élection de son successeur, en observant ce qui sera prescrit à cet égard dans le titre VIII, où il est traité de l'exercice du pouvoir électoral.

Cet article doit être remplacé par le suivant :

Aussi long-temps que le roi croira convenable de s'abstenir de compléter le ministère solidairement responsable des actes du gouvernement, le régent entrera de plein droit dans l'exercice de ses fonctions aux termes des art. 76 *A* (1), 350 et 383 (2).

ART. 387.

Tout rescrit émané d'un chef de département sera signé par lui, et contre-signé par le secrétaire de ce même département.

Cet article doit être précédé de celui-ci :

Tout rescrit émané du monarque ou régent, dans l'exercice des fonctions de chef suprême du pouvoir exécutif, devra être signé par lui ainsi que par le ministre d'état de qui l'affaire ressortit, et qui en demeurera solidairement responsable avec les autres ministres et sous-ministres d'état, aux termes de l'art. 383.

---

(1) Voir ci-dessus page 850.
(2) Man. du cit., § 602, 6°.

TITRE SEPTIÈME.

De l'exercice du pouvoir conservateur.

CHAPITRE II.

Des attributions du pouvoir conservateur appartenant au congrès national.

Partout où il est question , dans ce chapitre, des membres du congrès, *il faut substituer* les membres de chacune des deux chambres.

CHAPITRE VI.

Des conseils d'inspection et censure constitutionnelle.

SECTION I.

Dispositions générales.

ART. 410, § 3.

Déclarer le régent suspendu de ses fonctions , et appeler à le remplacer son substitut , toutes les fois que ledit régent n'aura pas fait procéder de suite à l'élection du nouveau monarque, dans les cas et de la manière que cela lui est ordonné dans l'article 386.

Cet article doit être remplacé par celui-ci :

Déclarer le régent suspendu de ses fonctions, et appeler à le remplacer son substitut, toutes les fois que ledit régent aura tardé à remettre le gouvernement au monarque mineur, dès que celui-ci sera entré dans sa majorité ; et lorsque la dynastie venant à s'éteindre, le régent n'aura pas fait procéder de suite à l'élection du nouveau monarque.

———

TITRE HUITIÈME.

De l'exercice du pouvoir électoral.

ART. 439.

Seront électeurs des membres de la section de statistique au congrès national, les citoyens compris dans les dix premiers rangs de hiérarchie et résidant dans le département que le député doit représenter.

Cet article doit être remplacé par celui-ci :

Seront électeurs des membres du sénat, ainsi que de ceux de la section de statistique du tribunat, les citoyens compris dans les dix premiers rangs de hiérarchie et résidant dans le département que le député est appelé à représenter.

ART. 440.

Au lieu de congrès national, *il faut dire* tribunat.

ART. 445.

Seront électeurs du monarque ainsi que du régent, tous les citoyens actifs compris dans les six premiers rangs de la hiérarchie civile.

Cet article doit être remplacé par le suivant :

37

Seront électeurs du monarque, au cas où la dynastie viendrait à s'éteindre, ainsi que du régent, dans les élections annuelles, tous les citoyens actifs compris dans **les six premiers rangs** de la hiérarchie civile.

ART. 454.

Seront candidats à l'emploi de membres de la section de statistique au congrès national, tous les citoyens compris dans les six premiers rangs de hiérarchie.

Cet article doit être remplacé par celui-ci :

Seront candidats à l'emploi de sénateurs, ainsi que de membres de la section de statistique du tribunat, tous les citoyens actifs compris dans les six premiers rangs de hiérarchie.

ART. 441.

Au lieu de congrès, *il faut substituer* tribunat.

TABLEAU DÉMONSTRATIF de la méthode des élections, conformément
aux dispositions des articles 457 et suiv. du Code.

LISTE DES CANDIDATS.   LISTE DES ÉLECTEURS.

MM.   MM.   MM.

BIBIEN.   1. AUDIFFRET.   5. EMERY.
DUROZOIR.   2. BIBIEN.   6. FAVIGNY.
FAVIGNY.   3. CHAZAIS.   7. GONTHARD.
                 4. DUROZOIR.   8. LUNEAU.

LISTE Nº 1 *de l'électeur* AUDIFFRET, *votée conformément aux dispositions de
l'article* 459 *du Code.*

CANDIDATS.	SUPÉRIEURS.	MOYENS.	INFÉRIEURS.	INHIBÉS.	DOUTEUX.	INADMISSIBLES.
MM.						
BIBIEN.		1				
DUROZOIR.	1					
FAVIGNY.					1	

LISTE N° 2 *de l'électeur* BIBIEN, *votée conformément aux dispositions de l'article* 459 *du Code.*

CANDIDATS.	SUPÉRIEURS.	MOYENS.	INFÉRIEURS.	INHIBÉS.	DOUTEUX.	INADMISSIBLES.
MM.						
Bibien.				2		
Durozoir.	2					
Favigny.			2			

LISTE N° 3 *de l'électeur* CHAZAIS, *votée conformément aux dispositions de l'article* 459 *du Code.*

MM.						
Bibien.	3					
Durozoir.						3
Favigny.		3				

LISTE N° 4 *de l'électeur* DUROZOIR, *votée conformément aux dispositions de l'article 459 du Code.*

MM.						
BIBIEN.					4	
DUROZOIR.				4		
FAVIGNY.			4			

LISTE N° 5 *de l'électeur* EMERY, *votée conformément aux dispositions de l'article 459 du Code.*

MM.						
BIBIEN.			5			
DUROZOIR.				5		
FAVIGNY.	5					

LISTE N° 6 *de l'électeur* FAVIGNY, *votée conformément aux dispositions de l'article 459 du Code.*

MM.						
BIBIEN.	6					
DUROZOIR.						6
FAVIGNY.				6		

LISTE N° 7 *de l'électeur* GONTHARD, *votée conformément aux dispositions de l'article 459 du Code.*

CANDIDATS.	SUPÉRIEURS.	MOYENS.	INFÉRIEURS.	INHIBÉS.	DOUTEUX.	INADMISSIBLES.
MM.						
BIBIEN.		7				
DUROZOIR.	7					
FAVIGNY.		7				

LISTE N° 8 *de l'électeur* LUNEAU, *votée conformément aux dispositions de l'article 459 du Code.*

CANDIDATS.	SUPÉRIEURS.	MOYENS.	INFÉRIEURS.	INHIBÉS.	DOUTEUX.	INADMISSIBLES.
MM.						
BIBIEN.	8					
DUROZOIR.			8			
FAVIGNY.		8				

LISTE DU SCRUTIN, *additionnée conformément aux dispositions de l'art.* 459, § 4 *du Code.*

MM.						
Bibien.	3, 6, 8	1, 7	5	2	4	. . . . .
Durozoir.	1, 2, 7	. . . . .	8	4, 5	. . . . .	3, 6
Favigny.	5	3, 7, 8	2, 4	6	1	. . . . .

SOMMES *de la liste du scrutin.*

MM						
Bibien.	3	2	1	1	1	. . . . .
Durozoir.	3	. . . . .	1	2	. . . . .	2
Favigny.	1	3	2	1	1	. . . . .

Les sommes de la liste précédente, multipliées conformément aux dispositions de l'art. 459, § 7 *et* 8 *du Code.*

MM.						
Bibien.	12	4	1	1	2	. . . . .
Durozoir.	12	. . . . .	1	2	. . . . .	8
Favigny.	4	6	2	1	2	. . . . .

Réduction de la liste précédente.

CANDIDATS.	VOIX D'ADMISSION.	VOIX D'EXCLUSION.	VALEURS TOTALES.
MM.			
BIBIEN.	17	3	14
DUROZOIR.	13	10	3
FAVIGNY.	12	3	9

LISTE DÉFINITIVE *disposée d'après les degrés d'estime, conformément à ce qui est dit à l'art.* 459, §§ 8 *et* 13 *du Code.*

MM.

BIBIEN. . . . . Titulaire.

FAVIGNY. } Destinés à servir de remplaçans suivant
DUROZOIR. } l'ordre même de cette liste.

TABLEAU DÉMONSTRATIF de la méthode de votation, conformément aux dispositions des art. 207 et 310 du Code, tant pour le congrès national que pour le jury.

OPINIONS.

A. Absous.
B. Condamné à six mois de reclusion.
C. Un an de déportation hors du département.

LISTE N° 1 du juré DAMINCOURT, *votée conformément aux dispositions de l'article 207 du Code.*

OPINIONS.	SUPÉRIEURE.	MOYENNE.	INFÉRIEURE.	INADMISSIBLE.
A.	I			
B.				I
C.			I	

LISTE N° 2 *du juré* FAVARD, *votée conformément aux dispositions de l'article 207 du Code.*

OPINIONS.	SUPÉRIEURE.	MOYENNE.	INFÉRIEURE.	INADMISSIBLE.
A.		2		
B.	2			
C.				2

LISTE N° 3 *du juré* FRÉMOND, *votée conformément aux dispositions de l'article 207 du Code.*

OPINIONS.	SUPÉRIEURE.	MOYENNE.	INFÉRIEURE.	INADMISSIBLE.
A.	3			
B.				3
C.		3		

LISTE N° 4 *du juré* G**RIMAUD**, *votée conformément aux dispositions de l'article 207 du Code.*

A.
B.
C.

LISTE N° 5 *du juré* L**AFOND**, *votée conformément aux dispositions de l'article 207 du Code.*

A.
B.
C.

LISTE N° 6 *du juré* P**ERRAULT**, *votée conformément aux dispositions de l'article 207 du Code.*

A.
B.
C.

LISTE DU SCRUTIN, *additionnée conformément aux dispositions de l'article 207 du Code.*

OPINIONS.	SUPÉRIEURE.	MOYENNE.	INFÉRIEURE.	INADMISSIBLE.
A.	1, 3, 5	2, 4, 6	. . . . . .	. . . . . .
B.	2	5	4	1, 3, 6
C.	4, 6	3	1	2, 5

SOMMES *de la liste précédente.*

A.	3	3	. . . . . .	. . . . . .
B.	1	1	1	3
C.	2	1	1	2

Les sommes de la liste précédente, multipliées conformément aux dispositions de l'article 203 du Code.

A.	12	6	. . . .	. . . .
B.	4	2	1	3
C.	8	2	1	

Réduction de la liste précédente.

OPINIONS.	VOIX D'APPROBATION.	VOIX DE REJET.	VALEURS TOTALES.
A.	18	. . . .	18
B.	7	3	4
C.	11	2	9

38

LISTE DÉFINITIVE.

—

A.
C.
B.

—

NOTES ADDITIONNELLES.

NOTE I.

Article 1, page 1.

On pourra procéder dans la division du territoire d'après les principes suivans :

Du moment où le nombre des habitans formant une ou plusieurs peuplades ne surpassera pas celui de dix mille, leur ensemble constituera une *commune.*

Les communes contenant plus de six mille habitans seront partagées en deux *sections.*

Toutes les fois que le nombre des habitans formant une ou plusieurs peuplades sera de dix à trente mille, leur ensemble constituera un *district.*

Quant à la circonscription des provinces, ainsi que des départemens et des arrondissemens, nous ferons remarquer que, dans tout pays d'une certaine étendue, la diversité de productions et de climats, et, par conséquent, celle des besoins, des goûts, des usages et des mœurs de leurs habitans, sont telles, qu'on est forcé de considérer comme ne formant qu'un seul groupe, auquel on peut donner le nom de *province,* toutes les contrées qui, par contre, présentent un contraste frappant vis-à-vis celles dont elles sont environnées.

Dans les pays d'une vaste étendue, tels que la France, on peut faire la même remarque, quoique sur une plus petite échelle, relativement aux divisions immédiates des provinces, c'est-à-dire des *départemens*.

On ne saurait en dire autant des divisions immédiates des départemens, des *arrondissemens;* car, tandis que la nature a tracé, comme nous venons de le faire remarquer, les limites des provinces ainsi que celles des départemens, on chercherait en vain sur quoi baser, sur la nature même du sol, ou sur les habitudes, les mœurs ou les usages des habitans, la circonscription des arrondissemens. Quant à ceux-ci, de même que pour les communes et les sections, la seule chose à laquelle nous pensons qu'il faille avoir égard, c'est la facilité avec laquelle chaque habitant pourra obtenir des autorités constituées la protection qui lui est due, et les autorités pourront connaître, de la manière la plus sûre et la plus prompte, les besoins et des particuliers et des peuples dont le bien-être leur est confié par la loi.

NOTE II.

Art. 28, page 9.

En général, on peut diviser les maisons de détention en trois classes, savoir : pour les contraventions, pour les délits et pour les crimes.

Chacune de ces classes pourrait être sous-divisée en trois ordres destinés pour les prisonniers appartenant aux divers rangs de hiérarchie, savoir : l'une pour ceux compris dans les six premiers rangs; l'autre pour ceux compris dans les cinq rangs suivans, et la troisième pour ceux appartenant au douzième rang de hiérarchie.

Il est sous-entendu que les personnes de l'autre sexe seront détenues dans des édifices tout-à-fait séparés de ceux des hommes.

Quant aux enfans de sept à dix ans, ils devront être enfermés dans les maisons de correction, dont il doit y avoir une appartenant à chaque collége de commune.

Ceux de dix à quatorze ans seraient enfermés dans les maisons de correction attenant aux colléges des écoles générales; et les jeunes gens de quatorze à vingt et un ans, dans celles attenant aux écoles normales.

NOTE III.

Art. 39, *page* 12.

La peine d'exil, pour une légère contravention, pourra se borner à l'éloignement du coupable à une distance plus ou moins considérable de l'endroit où l'infraction a été commise, mais dont le choix serait libre au condamné. Pour des contraventions plus graves, le choix du lieu d'exil devra appartenir au jury, qui en graduera la sévérité d'après la gravité de l'infraction, quoique toujours moins sévère que ceux destinés à la punition des crimes ou même des délits.

Les nations qui possèdent de vastes étendues de territoire dans les pays d'outre-mer, peuvent y établir des *colonies pénales* de plusieurs classes, les unes plus austères que les autres, destinées à fournir aux jurys les moyens d'infliger des peines proportionnées à la gravité des délits et des crimes.

Quant aux nations qui, n'ayant pas ces ressources,

occupent cependant un territoire assez étendu pour pouvoir y former de pareilles colonies dans leur propre sein, elles pourraient profiter de ce que l'on a déjà fait tant en Russie, pour l'établissement des colonies militaires, que dans les Pays-Bas, pour la fondation des colonies agricoles, dans tout ce qui pourrait être applicable aux colonies pénales.

Mais lorsque les circonstances ne permettraient de fonder aucune de ces deux sortes de colonies, on pourra toujours les remplacer par des maisons de force où les prisonniers devront passer en sortant des pénitentiers ou maisons de correction, ainsi qu'il est prescrit au § 2 de l'art. 42.

Nous ne croyons pas inutile de faire remarquer que les réglemens des maisons de force doivent être basés sur des principes tout-à-fait différens de ceux des pénitentiers : car ceux qui passent dans les maisons de force sont censés être tout-à-fait contrits et même habitués, depuis un espace de temps assez considérable, à un genre de vie régulier et laborieux ; tandis que ceux qui arrivent dans les pénitentiers sont encore tout empreints des habitudes contractées dans l'école du vice.

Ainsi le but des maisons de force doit être d'inspirer une horreur salutaire du vice, tant aux criminels qui y seront enfermés, qu'à ceux qui, enclins au crime, auraient pu être entraînés par le mauvais exemple des condamnés.

Quant aux pénitentiers, ce que l'on doit s'y proposer, c'est de détruire, au moyen d'une vie laborieuse et régulière, c'est-à-dire au moyen d'une nouvelle éducation, tous les germes du vice dans le cœur et l'esprit des coupables.

Le silence absolu et une sage distribution du temps entre une entière solitude avec ou sans occupation, et le travail en commun avec d'autres prisonniers, sont les moyens les plus efficaces pour opérer la conversion des coupables, pourvu que l'on y ajoute les exhortations et instructions morales que des hommes animés d'une véritable piété seraient chargés de leur adresser.

Si le condamné, en entrant dans le pénitentier, était entouré de personnes d'une autre nation que la sienne, et qui le missent dans la nécessité d'apprendre et de ne parler enfin que leur langue, la réforme dans ses idées, et, par suite, dans ses habitudes de penser et de sentir, ne pourrait qu'être d'autant plus complète et assurée.

On ne saurait assez recommander que tous les efforts des préposés à la régénération des coupables doivent tendre à leur inspirer la plus grande élévation de sentimens qu'il leur sera possible. Loin de les retenir dans les habitudes qui distinguent la classe à laquelle ils appartenaient, il faudra leur en faire contracter qui les en éloignent autant que la portée de leur esprit le permettra.

NOTE IV.

Art. 5o *et* 5i , *page* 17.

L'exécution de ce qui est prescrit dans ces deux articles sera d'autant plus facile, que le cadastre du pays aura été dressé avec plus d'exactitude. On peut voir dans notre *Projet de lois organiques de la charte portugaise,* tome I, page 127, et tome II, page 202 , quelques observations que nous avons cru devoir signaler comme base de ce dernier travail.

En partant donc de la supposition que l'on a un cadastre tant soit peu exact, il sera facile au congrès de déterminer : 1° quels sont les terrains et les édifices qui devront appartenir au domaine national ; 2° lesquels, n'étant la propriété de personne, doivent être administrés par le gouvernement, en attendant que des particuliers se chargent de les exploiter pour leur compte ; 3° ceux dont personne n'a la libre disposition, mais dont l'administration et la jouissance sont accordées à de certaines personnes ou familles.

Dans la première de ces trois classes d'immeubles, seront compris les bords de la mer et des rivières, autant qu'il le faudra pour l'avantage général de la navigation, la pêche, l'arrosement des terrains, et le mouvement des machines hydrauliques ; les terrains indispensables pour les grandes routes et chemins vicinaux, les rues, les places, les promenades et autres emplois d'utilité publique, tels que le service des places fortes et les convenances de la force armée de terre ou de mer, et généralement tous les bâtimens civils ou militaires que le congrès jugera convenable de retenir ou de faire construire pour le service public.

Quant aux terrains de la deuxième classe, il faut distinguer ceux dont personne ne profite, d'avec ceux dont les habitans des environs, et surtout les classes moins fortunées, sont dans l'habitude de tirer quelque parti. Sur les premiers, il n'y aura rien de spécial à statuer ; mais quant aux autres, si l'on voulait en disposer, soit pour des établissemens publics, soit pour les faire passer à la catégorie de propriétés privées, il faudra respecter le principe des droits acquis, en accordant aux détenteurs une juste indemnité. Celle-ci sera d'autant moindre, que les avantages retirés par les habitans de ces biens communaux sont toujours minimes, et que les établissemens que l'on y ferait offriraient à ces mêmes habitans de bien plus grands bénéfices, soit en procurant de l'emploi à ceux qui voudraient y prendre part, soit en assurant un plus grand débit aux produits de leur industrie. Cette sorte de terrains pourrait encore être utilement employée à des colonies agricoles ou correctionnelles : et une pareille agglomération de forces ne pourrait que contribuer à l'affermissement des établissemens nouveaux, attendu que les classes peu éclairées voient toujours d'un œil jaloux les prises de possession des terrains dont elles se considèrent, en quelque sorte, comme les propriétaires.

Pour ce qui concerne les immeubles de la troisième classe, on y remarque deux sortes de détenteurs; car les uns administrent eux-mêmes les immeubles, tandis que les autres n'en perçoivent que des redevances. Si cette sorte de biens était aussi bien exploitée que ceux possédés par des particuliers, rien n'aurait été plus simple que d'élever à la catégorie de propriétaires ceux qui ne les exploitent actuellement que comme administrateurs ou rentiers, sauf à ces derniers de devoir racheter les redevances actuellement à leur charge, conformément à ce qui est prescrit dans les art. 54 *et suiv.* Mais comme, dans bien des pays, ces sortes d'immeubles se trouvent réduites à des non-valeurs par les défauts essentiels d'institutions ou vicieuses ou surannées, le seul moyen efficace de les rendre véritablement utiles au public sans porter atteinte à aucune des deux classes de détenteurs dont nous venons de faire mention, est, à notre avis, celui que nous avons décrit d'abord dans notre *Projet de lois organiques de la charte portugaise*, tome I, pages 98 et 233, et tome II, page 123 ; et, plus tard, dans notre *Projet de réforme* de ladite charte, page 207, auquel nous sommes forcé de renvoyer nos lecteurs.

NOTE V.

Art. 54 à 59, page 18.

Tout ce qui est prescrit dans ces cinq articles deviendra d'une exécution facile, du moment où les comités suprêmes de l'état et les autorités leurs subalternes dans les diverses divisions territoriales, seront organisés d'après le système proposé dans ce Projet, et développé dans les ouvrages cités au bas des pages 18 *et suivantes* pour de plus amples éclaircissemens. Mais ce qui rendra surtout aisée la marche du gouvernement, ainsi que l'accord des intérêts des particuliers qui pourraient se mettre en conflit, c'est la formation des *collèges industriels,* dont nous ne saurions tracer convenablement l'organisation dans cette note, mais dont le lecteur pourra se former, à ce que nous croyons, une idée exacte, en consultant le *Projet de lois organiques* cité ci-dessus, tome I, page 132, et tome II, page 202 ; ou le *Projet de réforme*, page 108 ; ou enfin le *Manuel du citoyen,* page 55o, où nous sommes entré dans les plus grands détails à cet égard.

NOTE VI.

Art. 88, 98 et suivans.

La classification des citoyens, relativement à leurs professions aussi bien qu'à leurs rangs de hiérarchie civile, est, dans notre système, non-seulement la condition la plus importante, mais encore la première à accomplir pour pouvoir opérer la réforme de l'organisation sociale. Au reste, ce besoin a été senti par tous les législateurs qui ont été chargés, soit de créer, soit de refondre la constitution de l'état ; tous ont tâché d'y satisfaire. Sparte, Athènes et Rome, dans l'antiquité, et presque toutes les nations modernes, dans leurs diverses phases, nous en offrent des exemples. Nous ne saurions cependant nous dissimuler que c'est là une des plus fortes, peut-être la plus forte objection que l'on fera à l'introduction de notre *Projet de code constitutif.*

La brièveté d'une note ne nous permettant pas de répondre d'une manière aussi détaillée qu'il conviendrait à cette objection, nous renvoyons le lecteur à notre *Cours de droit public* ainsi qu'au *Manuel du citoyen*, où ce sujet a été discuté ; nous bornant ici à faire observer que, quelque nombreuses que soient les professions dans un pays, elles peuvent se réduire toutes aux douze classes que nous avons signalées à l'art. 9o, et dès-lors on conçoit que l'opération purement mécanique du classement de chacun dans celle ou celles où sa profession pourra être comprise, ne présente guère de difficulté qu'on ne puisse se flatter de surmonter. Certes, les moyens d'y parvenir ne sauraient être les mêmes dans tous les pays ; mais ceux que l'on pourrait adopter dans un, serviront à faire présumer ceux qu'il conviendra em-ployer dans d'autres. C'est pourquoi nous renvoyons le lecteur au Projet que nous avons présenté à cet effet à la régence du Portugal , et qui se trouve consigné dans le n° IV du *Projet d'un système de Mesures préliminaires pour le rétablissement de la charte constitutionnelle.*

C'est aussi dans ce Projet que le lecteur trouvera décrite dans le plus grand détail une méthode on ne peut plus simple pour opérer la conversion de la hiérarchie actuelle, fondée sur le privilége, dans la hiérarchie constitutionnelle, fondée sur le principe du *vote universel de tous ceux qui peuvent en émettre un,* sans aucune distinction d'opinions ou d'intérêts.

NOTE VII.

Art. 139, *page* 46.

La nomination d'un avoué, mentionnée dans cet art. 139 comme une condition inséparable de l'ad-mission du citoyen à l'état de majeur, est un de ces actes que nous avons qualifiés du nom de *garanties subsidiaires ,* et dont le lecteur trouvera le détail dans les deux Projets cités dans les notes précédentes, ainsi que dans notre *Manuel du citoyen ,* devant nous borner ici à en faire le dénombrement.

Nous pensons donc que ce serait ménager à tous les habitans , nationaux ou étrangers, une forte garantie du maintien de leurs droits, et à la nation une autre, non moins forte, de la conduite de chaque citoyen, si la loi prescrivait que chacun, à moins d'en être légalement empêché, nommât au commencement de l'année : 1° les *garans* ou *répondans* que, dans certains cas prévus par la loi, les citoyens sont tenus de donner par rapport à leur conduite ou à la solidité de leur crédit;

2° Les *dépositaires* ou gardiens dont ils pourront avoir besoin, le cas échéant, de saisies-arrêts, lorsque la loi leur permet d'en nommer;

3° Des *administrateurs* de leurs biens, dans les cas prévus par les lois;

4° Des *curateurs*, pour les cas où la loi leur ordonne ou leur permet de se servir de l'intervention de ces fondés de pouvoirs;

5° Des *exécuteurs testamentaires* ou des *agens de leurs successions*, s'ils venaient à mourir sans testament;

6° Des *tuteurs* pour leurs enfans, au cas où ils n'en auraient pas nommé dans leurs testamens.

Il serait encore très-avantageux que chaque citoyen déclarât, au commencement de l'année, les personnes qu'il refusera, soit comme témoins, soit comme membres de quelque cour de justice où il pourra être appelé à comparaître comme demandeur ou comme défendeur, tant en son propre nom qu'au nom du tiers de qui il aura à soutenir les intérêts.

Les lettres de majorité, ainsi que celles d'émancipation, devront être délivrées par le maire du district où le citoyen aura son domicile; savoir : les lettres de majorité, du moment où il aura complété sa vingt-unième année; et celles d'émancipation dès que, par un arrêt judiciaire, il sera déclaré que le citoyen réunit les conditions requises par la loi.

NOTE VIII.

Art. 145, *page* 48.

Nous disons que les déclarations mentionnées à l'article précédent ne doivent être considérées comme impératives qu'à l'égard des personnes que les lois auraient chargées de les enregistrer, soit d'office, soit requises par les parties. C'est que toutes ces dispositions sont d'une beaucoup plus grande importance pour l'ordre public que pour les intérêts privés. Ceux - ci peuvent s'en passer jusqu'à un certain point, sans se compromettre essentiellement; tandis qu'il y a impossibilité de satisfaire aux besoins les plus vitaux de l'ordre public, si l'on ne prend pas des mesures analogues à celles que nous indiquons ici, et dont en trouvera de plus amples développemens dans le *Projet de lois organiques,* tome I, pages 102 et 140, et tome II, pages 182 et 230, ainsi que dans le *Projet de réforme,* pages 79 et 112.

NOTE IX.

Art. 154, *page* 51.

En général, tous les cas d'inhibition mentionnés dans cet article doivent être explicitement portés sur les tableaux statistiques que chacun des comités suprêmes sera tenu de publier à des époques fixes de l'année, mais dont le comité suprême de statistique sera spécialement chargé de contrôler l'exactitude.

Le § 2 ne se rapportant proprement qu'aux personnes qui se sont liées par des vœux religieux, nous
renvoyons le lecteur au n° VIII de notre *Système de
mesures préliminaires pour le rétablissement du
gouvernement représentatif en Portugal*, où nous
avons exposé les moyens qui nous ont paru les plus
propres à concilier les droits acquis du clergé avec
les intérêts généraux de la nation, ainsi qu'à jeter
les fondemens d'une véritable indépendance des deux
autorités temporelle et spirituelle.

Quant aux personnes qui pourraient encourir l'inhibition dont il est parlé au § 3, le ministère public,
ainsi que tout citoyen zélé, sera tenu de les dénoncer
aux tribunaux, dès qu'il en aura connaissance, en
spécifiant les engagemens contractés à l'étranger,
et dont la nature les rend incompatibles avec l'exercice de tous ou de quelques-uns des droits politiques
dans le pays : et même, si la personne dénoncée se
trouve dans le cas prévu par le § 25 de l'art. 72,
afin qu'il lui soit infligé les peines dont elle se sera
rendue passible, aux termes dudit article.

NOTE X.

Art. 203 et 306, pages 63 et 86.

Afin de rendre plus sensible l'exposition de la méthode que nous proposons dans ces deux articles pour
la votation, soit au congrès, soit aux cours de justice,
nous avons ajouté à la fin de ce volume les tableaux
démonstratifs qui s'y trouvent aux pages 172 et suivantes, et qui nous semblent assez clairs pour ne pas
avoir besoin de plus d'explication.

NOTE XI.

Art. 233, page 71.

Les autorités indiquées dans cet article comme devant être chargées par la loi de recevoir les dénonciations et les plaintes, soit du ministère public, soit des particuliers, et d'y donner suite, en procédant aux recherches et enquêtes, selon la nature des cas, seraient, d'après le système administratif développé dans notre *Projet de lois organiques* ainsi que dans celui de *réforme de la charte portugaise*, les intendans des sections, les surintendans dans les communes, les maires dans les districts, des agens à cet effet spécialement nommés dans les chefs-lieux des arrondissemens, ainsi que dans ceux des départemens. Dans les capitales des provinces, ainsi que dans celle de l'état, exerceront ces fonctions les vice-intendans des comités de justice.

C'est aussi à ces autorités qu'il devra appartenir d'adopter les moyens convenables, tant pour la capture des coupables ou prévenus de quelque délit, que pour arrêter toute atteinte aux droits individuels des citoyens ou aux intérêts généraux de l'état.

NOTE XII.

Art. 340, § 1, page 95.

Nous indiquerons ici succinctement quelle devrait être, à notre avis, dans l'état actuel des nations civilisées, la composition du corps diplomatique d'un gouvernement constitutionnel.

Nous pensons que chaque mission devrait se composer d'un chef de mission, d'un secrétaire, et du nombre d'attachés que l'on croira nécessaire, selon l'affluence des affaires.

Le caractère diplomatique, tant du chef de la mission que du secrétaire, devrait se régler d'après le rang de la puissance auprès de qui ils seraient accrédités.

Les gouvernemens étant actuellement convenus de partager le corps diplomatique en quatre ordres, il faut que chacun s'y conforme. Aussi les nations peuvent fort bien se diviser en quatre rangs, d'après le principe le plus frappant et le moins contestable de leur force, savoir, la population.

On pourrait donc regarder comme des puissances du premier ordre les nations dont la population s'élèverait à dix millions et au-dessus : appartiendraient au second ordre celles dont la population sera entre sept et dix millions; au troisième celles composées de trois à sept millions, et au quatrième celles qui n'iraient pas à trois millions d'habitans.

Les chefs de mission du premier ordre auraient le titre d'ambassadeurs, ceux de second ordre celui d'envoyés, ceux de troisième celui de résidens, et ceux du quatrième celui de chargés d'affaires.

Les secrétaires de légation auraient le rang immédiat à celui du chef de la mission.

Ce chef serait chargé à la fois de la direction des affaires tant politiques que commerciales, entre les deux pays ; mais les usages reçus en Europe ne leur permettant de les représenter par eux-mêmes qu'auprès du gouvernement suprême ou auprès de ses délégués immédiats, des attachés spéciaux désignés par le comité suprême du commerce seraient chargés, sous le titre de consuls ou vice-consuls, de soutenir les intérêts, tant de l'état que des particuliers, auprès des autorités subalternes dans les places de commerce du pays, où leur présence pourrait être nécessaire. Les consuls auraient le rang de chargés d'affaires, et les vice-consuls celui d'attachés d'un rang immédiat à celui des consuls.

Outre les attachés nécessaires pour le service général et ordinaire des missions, les divers comités suprêmes devraient déléguer, en cette qualité, auprès des missions, quand ils le croiraient utile, des hommes spéciaux, chargés de recueillir sur l'état du pays, dans ce qui concerne les objets de leur ressort, les renseignemens propres à tenir lesdits comités, et, par leur entremise, le gouvernement, au courant des progrès que l'on ferait sur toutes les branches de l'administration, des sciences et des arts, dans les divers pays étrangers.

Les promotions dans le corps diplomatique se feraient en commun entre les diverses missions, la secrétairerie d'état et le comité suprême de statistique, en sorte qu'il s'opèrerait, moyennant ces promotions successives, de l'intérieur aux missions et des missions aux comités et à la secrétairerie d'état, un flux et reflux dont on ne peut assez apprécier les avantages ; car, par ce moyen, les personnes employées aux missions n'y arriveraient que munies des connaissances statistiques de leur pays, dont un diplomate, même à son début, ne saurait se passer, et, à plus forte raison, ceux qui sont chargés de négocier sur les intérêts les plus importans de l'état.

NOTE XIII.

Art. 375, page 103.

Les limites d'une note ne nous permettant pas de détailler les bases des réglemens indispensables pour l'exécution de cet article, nous renvoyons le lecteur à notre *Projet de lois organiques,* des pages 44 à 70, ou au *Projet de réforme,* des pages 174 à 199, où les fonctions appartenant à chaque comité, ainsi qu'à leurs sous-divisions et à chacun des vice-intendans, sont exposées dans le plus grand détail.

NOTE XIV.

Art. 379, page 104.

Nous devons aussi renvoyer nos lecteurs aux projets cités dans la note précédente, s'ils veulent avoir une idée de la manière dont nous entendons que l'administration des diverses divisions territoriales devrait être organisée pour atteindre le but que le législateur doit se proposer en pareil cas, c'est-à-dire d'obtenir, pour toutes et pour chacune des divisions, le maximum d'indépendance compatible avec le maximum d'union.

NOTE XV.

Art. 452, page 128.

Quelque claire que nous ait paru l'exposition que nous faisons, dans cet article, de la méthode d'élection que nous proposons, il nous a paru utile de la mettre encore plus à la portée de tout le monde, en ajoutant dans les tableaux démonstratifs, pages 167 et suivantes, un exemp'e où tout le procédé de la votation par estime est exposé dans le plus grand détail.

TABLEAU

DE

CORRESPONDANCE

DES PARAGRAPHES DE CE MANUEL AVEC D'AUTRES
OUVRAGES DE L'AUTEUR OÙ LES MÊMES
DOCTRINES SE TROUVENT
DÉVELOPPÉES.

———

Ces ouvrages sont :

Droit publ. :   Cours de Droit public.

Proj. de l. organ. :   Projet de lois organiques de
la Charte constitutionnelle
du Portugal.

Mes. prélim. :   Projet d'un système de
mesures préliminaires pour
mettre en exécution la Charte
portugaise.

Proj. de réf. :   Projet de réforme de la
Charte portugaise.

———

§ 1.

Droit publ., I, pages 1 et 2.

§§ 2 et 3.

Droit publ., I, pages 3 à 8.

§§ 4, 5 et 6.

Droit publ., I, page 419.

§ 7.

Droit publ., I, p. 1.

§§ 8 à 12.

Droit publ., I, p. 8 à 12. — Proj. de l. organ., I, p. 32, art. 145. — Proj. de réf., art. 1 à 19.

§§ 13 à 20.

Droit publ., I, p. 6. — Proj. de l. organ., II, p. 111, 213.

§§ 21 à 23.

Droit publ., I, p. 24, 40, 45, 172.

§§ 24 à 30.

Droit publ., I, p. 6-8, 42.—Proj. de l. organ., II, p. 285.

§§ 31 à 39.

Droit publ., I, p. 12, 16.—Proj. de l. organ., I, p. 40, art. 8 à 18, 105 à 125; II, p. 110, 194. — Proj. de réf., art. 33, 344 à 363.

§ 40.

Droit publ., I, p. 18.—Proj. de l. organ., I, p. 15, art. 64, 4; II, p. 44.

§§ 41 à 43.

Droit publ., I, p. 17, 186; II, p. 24. — Projet de l. organ., I, p. 3, art. 7, § 4; 89, 90, 106, 108; II, p. 643, 48, 62, 72, 76, 167, 193. — Proj. de réf., art. 132, 339 à 343.

§ 44.

Droit publ., I, p. 18.—Proj. de l. organ., I, p. 43, art. 18,

150 à 162 ; II, p. 113, 202. — Proj. de réf., art. 136, 392 à
407. — Mes. prélim., n° IV.

§ 45 à 49.

Droit publ., I, p. 21.— Proj. de l. organ., I, p. 18, art. 75,
§ 11; art. 78, 145, §§ 15, 31; p. 87, art. 36, 267; II, p. 168.
— Proj. de réf., art. 138 à 141. — Mes. prélim., n° IV.

§§ 50 à 54.

Proj. de l. organ., I, art. 439 à 474; II, p. 70, 343, 353.
— Proj. de réf., art. 138 à 141, 650 à 663.

§ 65.

Droit publ., I, p. 10. — Proj. de l. organ., I, p. 32, art.
145. — Proj. de réf., art. 1-17.

§§ 66.

Droit publ., II, p. 39. — Proj. de l. organ., I, p. 36,
art. 145, § 25. — Proj. de réf., art. 51, 63, 64.

§§ 67 à 74.

Droit publ., I, p. 110. — Proj. de l. organ., I, p. 36,
art. 145, §§ 3, 4; II, p. 91. — Proj. de réf., art. 65. — Mes.
prél., n° II.

§§ 75 à 77.

Proj. de l. organ., art. 850; II, p. 415. — Proj. de réf.,
art. 248.

§§ 78 à 117.

Droit publ., II, p. 15. — Proj. de l. organ., I, p. 36,
art. 145, § 5; II, p. 92. — Proj. de réf., art. 42 à 56.

§§ 79 à 83.

Droit publ., II, p. 16, 175. — Proj. de l. organ., I,
p. 16, art. 69; p. 84, art. 26 à 32; 65 à 68; II, p. 184.

§§ 84 à 90.

Droit publ., II, p. 22. — Proj. de l. organ., I, art. 69.

§§ 91 à 117.

Proj. de l. organ., I, p. 7, art. 26, 145, §§ 7, 8, 9; p. 429, art. 1043 à 1047; II, p. 27, 477. — Proj. de réf., art. 20 à 33, 41, 44 à 56 (*).

§§ 118 et 120.

Droit publ., I, p. 266, 271, 274, 280. — Proj. de l. organ., p. 36, art. 145, § 23; 159 à 162. — Proj. de réf., art. 34 à 43, 401 à 407.

§§ 119.

Droit publ., I, p. 6.—Proj. de l. organ., I, p. 35, art. 145, §§ 18, 20, 110, 124; II, p. 188, 193, 201. — Proj. de réf., art. 53, 55, 56.

§§ 121 à 139.

Proj. de l. organ., p. xix, xviij, xxv; p. 33, art. 145, § 6.

§§ 140 à 181.

Droit publ., I, p. 274 à 282. — Proj. de l. organ., I, p. xviij; p. 36, art. 145, §§ 21, 22. — Proj. de réf., art. 18 à 36, 70, 71 (**).

§§ 182 à 196.

Droit publ., I, p. 11, 24, 113, 174, 360, 410. — Proj. de l. organ., I, p. 16, art. 71, 118, et art. 11; p. 33, art. 146, § 11; p. 136, art. 163 à 169; II, p. 6, 9, 85, 110, 207. — Proj. de réf., art. 72 à 120.

§§ 197 à 205.

Droit publ., I, p. 110 à 120, 196, 215, 390. — Proj. de l. organ., I, p. 9, art. 37, 103 à 105, 111; p. 137, art. 164, 297,

---

(*) Il est sous-entendu, dans les dispositions de l'art. 98, que si la peine du délit qui motive l'arrestation n'est point corporelle, le plaignant, aussi bien que le défendeur, peuvent être laissés en liberté sous caution.

(**) Dans le premier *alinéa* du paragraphe 168, on suppose qu'il n'y a pas eu d'échange entre le propriétaire actuel et le nouvel acquéreur; car s'il y en avait eu, ce serait le cas prévu au § 171, et développé dans la note respective. En supposant donc que le cessionnaire n'ait pas acquis, par un contrat avec l'ancien propriétaire, un meilleur droit que tout autre concurrent, et surtout si l'on suppose encore que l'ancien propriétaire n'avait dans le terrain aucun capital qui lui appartint, il est évident que les seules considérations d'intérêt public peuvent décider lequel des prétendans doit obtenir la préférence pour la propriété vacante.

309 à 311, 317 à 322, 397 à 404, 981 à 989, 1002, 1011, 1014 à 1016; II, p. 22, 32, 57, 327, 329 à 332, 487. — Proj. de réf., art. 86, 209, 270, 271, 512 à 516, 521, 522, 614 à 618, 1150 à 1282.

§§ 206 à 259.

Droit publ., p. 23, 372. — Proj. de l. organ., I, p. 5, art. 15, § 2; p. 14, art. 63-70; p. 140, art. 170-266, 492-495; II, p. 43, 45, 86, 230-263. — Proj. de réf., art. 72, § 1, 73-88, 260-276, 408-473. — Mes. prélim., n° V.

§§ 208 à 210.

Droit publ., I, p. 21, 287. — Proj. de l. organ., p. 17, art. 74, § 1; art. 75, § 11; 145, §§ 26, 31; p. 48, ord. V; p. 87, p. 144, art. 182, § 2; 449 à 474; II, p. 68, 79, 337. — Proj. de réf., art. 138 à 141, 260, 269, 270, 420, 650 à 664.

§§ 211 à 214.

Droit publ., I, p. 195, 387, 394. — Proj. de l. organ., I; p. 17, art. 74, § 1; p. 18. art. 75, §§ 2 à 6; p. 25, art. 107; p. 157, art. 222, 226 à 237, 241 à 251, 267, 268, 462, 463.

§§ 215 à 217.

Droit publ., I, p. 171, 373. — Proj. de l. organ, I, p. 14, art. 63 à 70; p. 142, art. 176 à 185. — Proj. de réf., art. 272 à 276, 453 à 463.

§ 218.

Droit publ., I, p. 97, 409. — Proj. de l. organ., I, art. 198; II, p. 247. — Proj. de réf., art. 77, 421.

§§ 219 à 225.

Droit publ., I, p. 382, 387, 395. — Proj. de l. organ., I, art. 182, 183; II, p. 237. — Proj. de réf., art. 261 à 271.

§ 226.

Proj. de réf., art. 265.

§ 227.

Droit publ., I, p. 399. — Proj. de l. organ., II, p. 241.

§ 228.

Droit publ., I, 372, 398. — Proj. de l. organ., I. art. 202; II, p. 235. — Proj. de réf., art. 266.

§ 229.

Droit publ., I, p. 231. — Proj. de l. organ., I, p. 88; p. 161, art. 241 à 249. — Proj. de réf., art. 142, 267.

§§ 230 à 233.

Droit publ., I, p. 176, 186, 188. — Proj. de l. organ., I, p. 21, art. 86 à 100; II, p. 15, 71. — Proj. de réf., art. 262.

§§ 234 à 239.

Droit publ., I, p. 188, 403. — Proj. de l. organ., I, p. 14, art. 63 à 70; p. 142, art. 176 et suiv.; II, p. 237. — Proj. de réf., art. 273 à 275. — Mes. prélim., n° V.

§ 240.

Proj. de l. organ., art. 226 à 240. — Proj. de réf., art. 454-461.

§§ 241 à 244.

Droit publ., I, p. 388.—Proj. de l. organ., I, p. 6, art. 17; p. 140, art. 170, 220; II, p. 18, 239.—Proj. de réf., art. 260.

§§ 245, 246.

Droit publ., I, p. 388. — Proj. de l. organ., II, p. 241. — Mes. prélim., n° II, p. 26.

§§ 247 à 256.

Droit publ., I, p. 108, 408, 415. — Proj. de l. organ., I, art. 176 à 191; II, 243. — Proj. de réf., art. 214 à 426. — Mes. prélim., n° V.

§ 257.

Droit publ., I, p. 97, 409. — Proj. de l. organ., art. 198; II, p. 247. — Proj. de réf., art. 77, 421.

§ 258.

Droit publ., I, p. 279. — Proj. de l. organ., art. 254. — Proj. de réf., art. 81 à 84.

§ 259.

Droit publ., I, p. 115. — Proj. de réf., art. 146, § 2; 487 à 493.

§§ 260 à 265.

Droit publ., I, p. 38, 42, 420. — Proj. de l. organ., I, p. 4, art. 13 à 15, 145, §§ 28, 34; p. 136, art. 163, § 2; 164, § 3; 267 à 365; II, p. 264, 301. — Proj. de réf., art. 72, § 2; 143 à 145, 474 à 586.

§§ 266 à 279.

Droit publ., I, p. 24, 28, 52, 421. — Proj. de l. organ., art. 267 à 274; II, p. 207 à 230, 264 à 266. — Proj. de réf., art. 143 à 145.

§§ 280, 281.

Proj. de l. organ., I, p. 6, art. 18; II, p. 18. — Proj. de réf., art. 151.

§ 282.

Droit publ., I, p. 95. — Proj. de l. organ., art. 307 à 313; II, p. 293. — Proj. de réf., art. 154.

§ 283.

Proj. de l. organ., I, p. 6, art. 21; p. 161, art. 241, 242. — Proj. de réf., art. 147.

§ 284.

Droit publ., I, p. 147, 150, 300. — Proj. de l. organ., I, p. 8, art. 35, 36; p. 173, art. 279 à 289, 1062 à 1065; II, p. 30 à 36, 271, 484. — Proj. de réf., art. 161 à 166; 481 à 500.

§§ 285 à 287.

Proj. de l. organ., I, art. 285 à 287; II, p. 274. — Proj. de réf., art. 494 à 498.

§§ 288 à 291.

Droit publ., I, p. 85, 288. — Proj. de l. organ., I, p. 11, art. 45 à 54., art. 279 à 281, 298; II, p. 36, 286. — Proj. de réf., art. 444.

§§ 292 à 302.

Droit publ., I, p. 94 à 104. — Proj. de l. organ., I, p. 7, art. 24; p. 185, art. 305 à 307, 314. — Proj. de réf., art. 171.

§§ 297, 298.

Droit publ., I, p. 95. — Proj. de l. organ., I, art. 307; II, p. 293. — Proj. de réf., art. 154.

§ 299.

Proj. de réf., art. 141.

§ 300.

Droit publ., p. 97.

§§ 301, 302.

Proj. de l. organ., **I**, art. 314; **II**, **p. 296**. — **Proj. de réf.**, art. 513.

§§ 303, 304.

Droit publ., p. 135, 139 à 145. — Proj. de l. organ., p. 13, art. 57, 58; p. 195, art. 331 à 337; **II**, **p. 40**. — Proj. de réf., art. 172 à 178, 557 à 559.

§ 305.

Proj. de l. organ., I, p. 13, art. 59; p. 195, art. 330 à 334; II, p. 41. 311. — Proj. de réf., art. 556 à 559.

§ 306.

Proj. de l. organ., I, p. 12, art. 56; p. 194, art. 328; II, p. 39. — Proj. de réf., art. 554.

§ 307.

Proj. de l. organ., I, p. 10, art. 46; p. 178, art. 289; II, p. 36, 277. — Proj. de réf., art. 500, 527.

§§ 308 à 316.

Droit publ., I, p. 105. — Proj. de l. organ., I, p. 7, art. 23; p. 179, art. 293, 299, 303; II, p. 24, 280, 335. — Proj. de réf., art. 153, 501, 525.

§§ 317 à 327.

Droit publ., I, p. 27, 41 à 52, 110, 390. — Proj. de l. organ., art. 264, § 3; art. 296, 309, 317, 320, 981 à 989, 1080, § 4; II, p. 26, 212, 295, 463. — Proj. de réf., 4, 6, 8 à 12, 34, 36, 38, 43; 56, 513, 521, 547.

§ 318.

Droit publ., p. 110. — Proj. de l. organ., p. 7, art. 25; p. 138, art. 64, § 3; art. 983, 1080, § 4.

§§ 321 à 327.

Proj. de l. organ., I, p. 37, art. 33, 34; II, p. 97 à 99.

§ 330.

Proj. de l. organ., I, p. 13, art. 61 ; p. 198, art. 337, 666 à 679; II, p. 41. — Proj. de réf., art. 176 à 178, 836.

§ 331.

Proj. de l. organ., art. 663; II, p. 387.—Proj. de réf., art. 834.

§ 332.

Droit publ., I, 343.—Proj. de l. organ., I, p. 27, art. 118, 119, 145, §§ 10, 11, 16; p. 137, art. 163, § 4 ; art. 164, § 5; art. 724 à 762; II, p. 55, 61, 80, 236, 388. — Proj. de réf., art. 72, § 2.

§§ 333, 334.

Proj. de l. organ., I, art. 729, 730. — Proj. de réf., art. 93, 94.

§§ 337, 338.

Droit publ., I, p. 114, 312. — Proj. de l. organ., I, art. 724 ; II, p. 389. — Proj. de réf., art. 91.

§§ 339 à 341.

Droit publ., I, p. 358. — Proj. de l. organ., I, art. 680 à 723; II, p. 482. — Proj. de réf., art. 99; p. 61, art. 99 à 109, 230 à 240, 860 à 868, 898 à 905.

§§ 342 à 355.

Droit publ., I, p. 344.—Proj. de l. organ., p. 27, art. 118, 119; p. 153, art. 207, 217, 680, 727, 744 à 748 , 855; II, p. 5, 81, 235, 392, 422, 424.—Proj. de réf., art. 103, 104, 245.

§§ 356 à 359.

Proj. de l. organ., I, art. 710 à 713; II, p. 123, 403. — Proj. de réf., art. 230 à 234.

§ 360.

Proj. de l. organ., I, art. 752; II, p. 446. — Proj. de réf., art. 257.

§ 361.

Droit publ., I, p. 359. — Proj. de l. organ., I, art. 686; II, p. 392. — Proj. de réf., art. 100.

§ 362.

Droit publ., I, p. 349. — Proj. de l. organ., I, p. 27,

art. 118, 119; p. 312, art. 680, 886 à 902, 904 à 906; II, p. 426. — Proj. de réf., art. 101, 1048 à 1054, 1068 à 1070.

§ 363.

Droit publ., I, p. 359. — Proj. de l. organ., art. 687 à 695, 721, 896; II, p. 393. — Proj. de réf., art. 101, 861 à 868, 903, 1058.

§ 364.

Proj. de l. organ., I, art. 426, 723; II, p. 121, 406. — Proj. de réf., art. 230, 238.

§ 365.

Proj. de l. organ., art. 719 à 722. — Proj. de réf., art. 901 à 904.

§ 366.

Proj. de l. organ., I, art. 718; II, p. 404. — Proj. de réf., art. 797 à 899.

§§ 367 , 368.

Proj. de l. organ., I, art. 714, 715; II, p. 405. — Proj. de réf., art. 239, 893.

§§ 369 à 371.

Proj. de l. organ., I, art. 763 à 775, 780. — Proj. de réf., art. 934 à 948.

§§ 372 à 376.

Proj. de l. organ., I, art. 776 à 788; II, p. 413. — Proj. de réf., art. 949 à 961.

§§ 377 à 380.

Proj. de l. organ., I, art. 809 à 840; II, p. 232, 396, 413. — Proj. de réf., art. 982 à 1001.

§ 381.

Droit publ., I, p. 366. — Proj. de l. organ., I, art. 827, 828. — Proj. de réf., art. 993, 995, 996, 997.

§§ 382 à 388.

Proj. de l. organ., I, art. 750, 951 à 956; II, p. 444, 454. — Proj. de réf., art. 907, 1124 à 1131.

§ 389.

Proj. de l. organ., I, art. 790 à 796; II, p. 413. — Proj. de réf., art. 963 à 969.

§ 390.

Proj. de l. organ., I, art. 800 à 805. — Proj. de réf., art. 973 à 978.

§ 391.

Proj. de l. organ., I, art. 687. — Proj. de réf., art. 101, 111.

§ 392.

Proj. de l. organ., II, p. 453.

§ 395 à 414.

Proj. de l. organ., I, art. 841 à 865. — Proj. de réf., art. 95, 96, 241 à 248, 1002 à 1026.

§ 396.

Proj. de l. organ., I, art. 849. — Proj. de réf., art. 1010.

§ 397.

Proj. de l. organ., I, art. 350. — Proj. de réf., art. 248.

§§ 398, 399.

Proj. de l. organ., I, art. 845 à 848. — Proj. de réf., art. 1006 à 1009.

§§ 400 à 402.

Proj. de l. organ., II, p. 422 à 425.

§§ 403 à 407.

Droit publ., II, p. 345. — Proj. de l. organ., II, p. 13, 417.

§§ 408 à 411.

Proj. de l. organ., I, art. 851 à 860. — Proj. de réf., art. 1014 à 2021.

§ 412.

Proj. de l. organ., I, art. 866 à 871. — Proj. de réf., art. 1027 à 1033.

§ 413.

Proj. de l. organ., I, art. 894. — Proj. de réf., art. 1056.

§ 414.

Proj. de l. organ., II, p. 415.

§ 415.

Proj. de l. organ., I, art. 866 à 870. — Proj. de réf., art. 1027 à 1031.

§§ 416 à 418.

Droit publ., I, p. 351. — Proj. de l. organ., I, art. 883 à 893 ; II, p. 426. — Proj. de réf., art. 1045 à 1054.

§§ 419 à 423.

Proj. de l. organ., I, art. 896, 897 ; II, p. 236, 429. — Proj. de réf., art. 1058, 1059.

§§ 424 à 435.

Droit publ., I, p. 355, 366. — Proj. de l. organ., I, art. 896 à 915. — Proj. de réf., art. 1058 à 1081. — Mes. prélim., n° II.

§§ 436 à 439.

Proj. de réf., art. 249 à 253.

§ 440.

Proj. de l. organ., I, art. 929 à 935 ; II, p. 442. — Proj. de réf., art. 258, 1092 à 1097.

§§ 441 à 447.

Droit publ., I, p. 466. — Proj. de l. organ., I, art. 760 à 762, 946 à 950 ; II, 442. — Proj. de réf., art. 254 à 259, 903 à 915, 1117 à 1123.

§§ 448 à 463.

Proj. de l. organ., I, art. 731 à 748, 627 à 707, 946 à 950 ; II, p. 407, 443 à 454.

§§ 464, 465.

Droit publ., I, p. 156. — Proj. de l. organ., I, p. 17, art. 75 et suiv. ; p. 136, art. 163, § 3 ; II, p. 209, 317. — Proj. de réf., art. 72, § 5.

§§ 466 à 479, 497 à 499, 512.

Droit publ., I, p. 122 à 126, 433 ; II, p. 251 et suiv. — Proj. de l. organ., I, p. 16, art. 71 et suiv. ; p. 136, art. 163, § 3 ; II, p. 209. — Proj. de réf., art. 72, § 5.

§§ 480 à 496.

Droit publ., I, p. 127 à 145 ; II, p. 256 à 258. — Proj. de l. organ., I, p. 16, art. 72, 75 ; p. 137, art. 164, § 1 ; II, p. 50, 209, 211, 212. — Proj. de réf., art. 172 à 175, 179.

§§ 497 à 499.

Vide supra §§ 466, etc.

§§ 500 à 511.

Droit publ., I, p. 127, 168 à 174, 435 ; II, p. 9, 253. — Proj. de réf., art. 277, §§ 1, 2.

§ 512.

Vide supra §§ 466, etc.

§§ 513 à 523.

Droit publ., I, p. 21, 63, 78, 132 à 136, 158, 306. — Proj. de l. organ. I, p. 37, art. 145, §§ 15, 31, 38 ; p. 169, art. 267, 440 à 474, 595 à 604, 283, 1038 à 1042, 1080, § 2 ; 1093, § 4 ; II, p. 95, 96, 168, 346 à 354, 366 à 382, 283, 476, 484. — Proj. de réf., art. 12 à 15, 1150 à 1282.

§§ 524 à 526.

Droit publ., I, p. 188 à 192.

§§ 527 à 539.

Droit publ., I, p. 182 à 192. — Proj. de l. organ., I, p. 21, art. 86 à 100 ; p. 405, art. 1023 à 1025 ; II, p. 73. — Proj. de réf., art. 181 à 183, 262.

§§ 540, 541.

Droit publ., I, p. 156. — Proj. de l. organ., I, p. 17, art. 75, 101 à 117, 132 à 138 ; p. 136, art. 163, § 3 ; 164, § 1 ; art. 366 à 679 ; II, p. 80, 388. — Proj. de réf., art. 72, § 5 ; art. 75, 113 à 120, 179 à 229, 587 à 859.

§§ 542 à 551.

Droit publ., I, p. 105, 205 à 342. — Proj. de l. organ., I, p. 44 à 81, p. 224, art. 413 à 438, 497 à 500, 607, 608 ; II, p. 121 à 146, 332, 341. — Proj. de réf., p. 175 à 207.

§§ 552 à 584.

Droit publ., I, p. 206 à 222, 227 à 231. — Proj. de l. organ., I, p. 7, art. 28, 47, 62, 74, § 5; art. 75, 94; p. 72, art. 246, 289, 366 à 412, 418, 1054, 1071, 1073 à 1079; II, p. 22, 32, 37, 57, 75, 121 à 149, 277, 317 à 325, 327, 329 à 332, 367, 487, 500. — Proj. de réf., art. 142, 580, 587 à 626, 630, 831, 1167, 1204, 1207 à 1215.

§§ 585 à 589.

Droit publ., I, p. 84, 141, 231, 436 (note XIII); II, p. 298, § 43. — Proj. de l. organ., I, p. 23, art. 94, 107 à 112; p. 413, art. 1001 à 1016; II, p. 77, 221, 467. — Proj. de réf., art. 202 à 211.

§§ 590, 591.

Droit publ., I, p. 413. — Proj. de l. organ., I, p. 16, art. 71 à 74; p. 137, art. 163, § 5; art. 974 à 1134; II, p. 9, 50, 57, 75, 110, 150, 457 à 503. — Proj. de réf., art. 72, § 4; art. 71, 277 à 290, 1150 à 1282.

§§ 592 à 597.

Droit publ., I, p. 49, 158, 306.

§ 598.

Droit publ., I, p. 222. — Proj. de l. organ., II, p. 488.

§ 599.

Droit publ., I, p. 417. — Proj. de réf., art. 281, 1200 à 1202.

§ 600.

Droit publ., I, p. 416.—Proj. de l. organ., I, p. 7, art. 15, §§ 1, 2, 3, 5, 7, 9; p. 7, art. 26, 27, 35, 36, 41, 77, 96; p. 418, art. 1017 à 1064; II, p. 470 à 488. — Proj. de réf., art. 277, 1150 à 1186.

§ 601.

Droit publ., I, p. 413. — Proj. de l. organ., I, p. 29, art. 131.— Proj. de réf., art. 280.

§ 602.

Droit publ., I, p. 413. — Proj. de l. organ., I, p. 16,

art. 71 à 74; p. 137, art. 163, § 5; art. 974 à 1016; II, p. 452 à 470. — Proj. de réf., art. 1187 à 1192.

§§ 603 à 627.

Droit publ., I, p. 222. — Proj. de l. organ., I, art. 442 à 470; II, p. 488. — Proj. de réf., art. 281 à 290, 1203-1282.

§§ 628 à 650.

Droit publ., p. 28. — Proj. de l. organ., I, p. 29, art. 132 à 135; p. 1, art. 1 à 7; p. 75 à 81; p. 199, art. 338 à 365, 595 à 679; II, p. 101 à 109, 313 à 326, 316 à 388. — Proj. de réf., art. 121 à 127, 560 à 566, 798 à 831.

§§ 651 à 654.

Droit publ., I, p. 262. — Proj. de l. organ., I, p. 60. — Proj. de réf., p. 190.

§§ 655 à 664.

Droit publ., I, p. 282. — Proj. de l. organ., I, p. 60. — Proj. de réf., p. 190.

§§ 665 à 685.

Droit publ., I, p. 274 à 282. — Proj. de l. organ., p. 65. — Proj. de réf., p. 195.

§§ 687 à 696.

Droit publ., I, p. 262 à 270. — Proj. de l. organ., I, p. 68. — Proj. de réf., p. 199.

§§ 697 à 730.

Droit publ., I, p. 283 à 316. — Proj. de l. organ., I, p. 49. — Proj. de réf., p. 179.

§§ 731, 732.

Droit publ., I, p. xxj, 340. — Proj. de l. organ., p. 44. — Proj. de réf., p. 176.

§§ 735, 742.

Proj. de l. organ., I, p. xxj. — Proj. de réf., art. 56. — Mes. prélim., n° II, p. 5, art. 51 et 52.

§§ 745, 746.

Proj. de l. organ., I, art. 911 à 916; II, 432. — Proj. de réf., art. 1077 à 1081.

§ 769.

Proj. de réf., art. 56.

§§ 777 à 781.

Proj. de l. organ., I, p. 17, art. 74, § 8; p. 380, art. 917, 918; II, 54, 436.

§§ 782 à 785.

Proj. de l. organ., I, p. 17, art. 74, § 8; p. 408, art. 990 à 1000; II, p. 56, 465. — Proj. de réf., 1174 à 1186. — Mes. prélim., n° I.

§§ 788 à 811.

Droit publ., I, p. 320. — Proj. de l. organ., I, p. 56, 118, art. 105 à 117; II, p. 136, 194, 202. — Proj. de réf., art. 344 à 357, p. 187.

§§ 812 à 819.

Droit publ., I, p. 336. — Proj. de l. organ., I, p. 58; II, p. 138. — Proj. de réf., p. 188.

§§ 820 à 839.

Drois publ., I, p. 66, 248. — Proj. de l. organ., I, p. 82, art. 19 à 35; p. 266, art. 539 à 578, 1078, 1129 à 1133. — Proj. de réf., art. 727 à 779, 1210, 1277 à 1281; p. 197.

§§ 840 à 845.

Droit publ., I, p. 270. — Proj. de l. organ., I, p. 59; p. 282, art. 579 à 594, 1134; II, p. 140. — Proj. de réf., p. 189; p. 243, art. 780 à 797, 1282.

§§ 846 à 850.

Droit publ., I, p. 52 à 56. — Proj. de l. organ., I, p. 102, art. 58 à 162; II, p. 131. — Proj. de réf., art. 391 à 418.

§§ 851 à 885.

Proj. de l. organ., I, art. 150 à 162, 170 à 175, 217, 492 à 495; II, p. 202 à 206. — Proj. de réf., art. 392 à 418, 449.

§§ 886 à 888.

Droit publ., II, p. 1, 219, 480.

§§ 889, 890.

Droit publ., II, p. 3.

§§ 891 à 893.

Droit publ., II, p. 5 à 15.

§ 894.

Droit publ., II, p. 14.

§§ 895 à 906.

Droit publ., II, p. 15 à 48.

§§ 907 à 912.

Droit publ., II, p. 70 à 83.

§§ 913 à 915.

Droit publ., II, p. 63 à 79.

§§ 916 à 922.

Droit publ., II, p. 85 à 92.

§§ 923 à 930.

Droit publ., II, p. 93 à 106.

§§ 931 à 941.

Droit publ., II, p. 106 à 112, 128, 132, 134, 144.

§§ 943 à 944.

Droit publ., II, p. 100, 118.

§§ 945, 946.

Droit publ., II, p. 95 à 99.

§§ 947 à 955.

Droit publ., II, 102 à 106.

§§ 956 à 959.

Droit publ., II, p. 118.

§§ 960 à 962.

Droit publ., II, p. 123.

§§ 963, 964.

Droit publ., II, p. 138.

§§ 965 à 972.

Droit publ., II, p. 51, 159.

§§ 973 à 977.

Droit publ., II, p. 48 à 5.

§§ 978 à 984.

Droit publ., II, p. 55 à 63.

§§ 985 à 988.

Droit publ., II. p. 150.

§§ 989 à 992.

Droit publ., II, p. 48, 150, 168, 180.

§§ 993 à 998.

Droit publ., II, p. 180 à 183.

§§ 997 à 1000.

Droit publ., II, p. 209.

§§ 1001 à 1006.

Droit publ., II, p. 159, 134, 161, 164.

§§ 1007 à 1010.

Droit publ., II, p. 205.

§§ 1011, à 1017.

Droit publ., II, p. 203 à 209.

§§ 1018 à 1020.

Droit publ., II, p. 69, 162, 163 à 165.

§§ 1021 à 1025.

Droit publ., II, p. 165 à 174.

§§ 1026 à 1028.

Droit publ., I, p. 239 à 246.

§§ 1029 à 1032.

Droit publ., II, p. 16, 174 à 180.

§§ 1033 à 1036.

Droit publ., II, p. 200 à 216.

§§ 1037 à 1047.

Droit publ., II, p. 183 à 200.

FIN DU TABLEAU DE CORRESPONDANCE.

TABLE GÉNÉRALE
DES MATIÈRES.

Nota. La lettre *M*, qui précède les numéros de renvoi, désigne le Manuel du citoyen; et la lettre *P*, le Projet de Code.

A.

D.

E.

F.

Q.

R.

S.

T.

V.

FIN DE LA TABLE GÉNÉRALE DES MATIÈRES.

9 782329 331355